Wide

Wide

丹尼爾·麥金
Daniel McGinn
《哈佛商業評論》執行主編、記者

林奕伶—譯

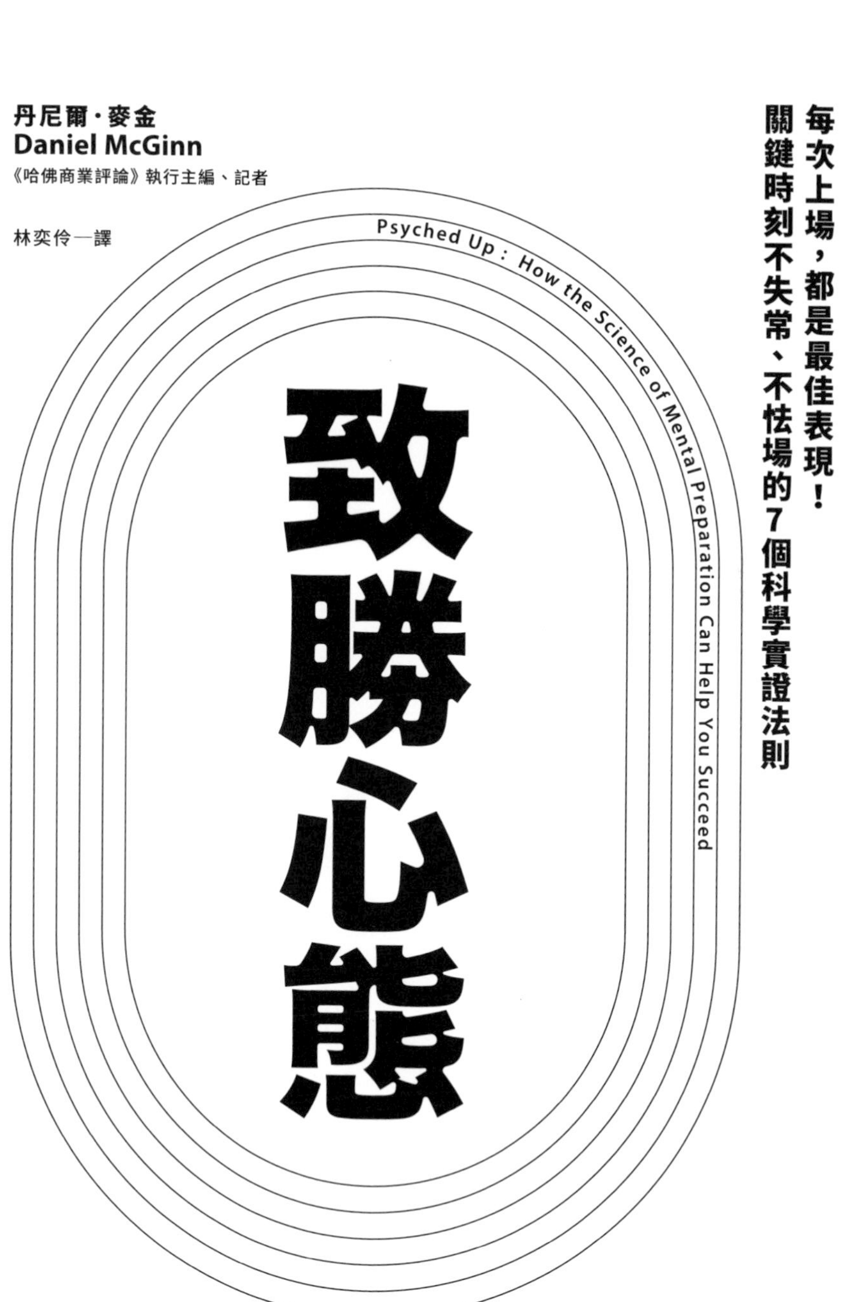

致勝心態

Psyched Up：How the Science of Mental Preparation Can Help You Succeed

每次上場，都是最佳表現！
關鍵時刻不失常、不怯場的7個科學實證法則

刻意練習卻還是不成功？也許你該換個心態
面對人生中的每個重要時刻，本書幫你做好萬全心理準備！

目次

Content

CHAPTER 2 為何你需要一個上場前儀式

——習慣和迷信，真能增加成功機率？

CHAPTER 3 別只是為了誰而贏

——慷慨激昂的精神喊話，總是有效嗎？

目次

CHAPTER 5 信心之鑰
——應該仰賴意識及潛意識，還是交給直覺？

CHAPTER 6 怒氣與激情
——緊盯對手，能讓我們更強大嗎？

目次

各界回響

「播報運動賽事跟在運動場上競技，就某些方面來說其實十分相似——正式上場前都需要大量的前置作業和訓練累積。然而，由於實際在職場與賽場上總有許多不可預測之情事會發生，時時刻刻都考驗著當事人臨場發揮的能力。此書介紹面對挑戰前的心理準備法則，相信對工作需要面對人群或即時反應的你，都會有所幫助！」

——李秉昇，體育主播

「在這個每次上場，都可能是最後一次的繁忙社會中，如何在壓力山大的狀況下，還能冷靜以對、發揮應有表現，值得我們深入了解。本書提出的7個法則，讓你有機會不再懼怕壓力，還能轉化壓力、展現實力，十分推薦！」

——蘇益賢，臨床心理師

「這是一本引人入勝的讀物。在書中，知名商業記者丹尼爾·麥金帶領讀者潛入百老匯的後台，進入評論網站Yelp的業務部以及站在芬威球場的DJ位置，探尋高效人士如何運用心理學、迷信和許多令人驚訝的致勝心態祕訣，為生命中的大小關鍵事件做好準備。」

——查爾斯·杜希格（Charles Duhigg），《為什麼我們這樣生活，那樣工作？》作者

「本書提供有趣、令人印象深刻，又兼具科學實證的應對壓力建議。」

——謝家華（Tony Hsieh），前網路鞋店 ZAPPOS 執行長

「這本書，是給任何一位有遠大創見的企業家的禮物。」

——布萊德·費爾德（Brad Feld），知名風險投資家，《尼采商學院》《創業投資聖經》作者

「一次美好的閱讀經驗。以專業的調查精神，帶領我們探究為何心跳愈快，我們愈能擁有巔峰表現。」

——波·布朗森（Po Bronson），《教養大震撼》作者

「丹尼爾・麥金這本書完美結合實用資訊和可靠的建議，令人讀來津津有味。」

——啟斯・法拉利（Keith Ferrazzi），《別自個兒用餐》作者

「臨場焦慮可能搞砸展現才華與辛苦成果的大好機會。本書是不可或缺的使用指南，確保你站在舞台中央時能充分發揮實力，無論攝影機是否在運轉！」

——凱蒂・庫瑞克（Katie Couric），美國知名主播

「本書從科學與實務兩面向，將如何在關鍵時刻有好表現說得淺顯易懂。我相信所有人讀完這本書後都會有滿滿收穫，尤其是我得知擁有自己的幸運物，力量會有多強大。」

——葛瑞真・雷諾茲（Gretchen Reynolds），《紐約時報》專欄作家

「我想不出還有哪本書如此有用，無論是在罰球、參加重大考試、說一段敬酒詞還是向情人求婚。下次遇到重大時刻前，請先讀完這本書。」

——麥特・穆倫維格（Matt Mullenweg），WordPress創始人及Automattic執行長

「本書充滿實用可行的小訣竅和工具，幫人減少焦慮、降低壓力、建立信心。麥金的策略可為所有人創造一套致勝的賽前例行準備動作。」

——雅莉安娜・哈芬登（Arianna Huffington），健康管理新創公司 Thrive Global 創辦人暨執行長

【推薦序】

決勝時刻完美表現，有心法！

張瀞仁

我坐在電腦前面，美國時間是晚上8點，平常應該是吃完晚飯、準備洗澡休息的時間，但今天不行。螢幕對面是來自「日本經濟新聞」（日經）的記者，她代表這家百年企業，也是每天算出東京證　交易所日經指數的媒體權威，要與我進行一場專訪。因為知道這場專訪的重要性，我的作品《安靜是種超能力：寫給內向者的職場進擊指南，話不多，但大家都會聽你說》的日文版出版社和經紀公司幾乎精銳盡出，螢幕裡擠滿來自不同部門的負責人。他們說：「日經的讀者都是企業經理人或幹部，我們來幫忙、確保一切進行順利。」但他們不知道的是，這只會讓我感到更緊張。更何況，他們那個晚上事先連續安排好幾個專訪，我光用想的都焦慮到不行。沒想到這樣的我，最後竟然順利完成任務，而且好像表現得還不錯。當出版社總編緝跟我說：「你表現得很完美。」的時候，我還想說他是不是吃錯藥，一個中年日本男性主管，怎麼會講出這麼「美國式」的讚美話語？直到看完這本書，回想起來，我好像不知不覺地用上幾個這本書裡所提到的技巧：

- 不是一味要自己冷靜，而是使用「再評估」(reappraisal)：再評估是認知改變的一種方法，重點不是放在改變環境，而是盡量改變自己對環境的認知。例如「今天是很重要的訪問，我現在全身緊繃，這是興奮情緒的一種表現，興奮會讓我的腎上腺素幫助我」。
- 調整進入「個人最適功能區域」(Individualized Zones of Optimal Functioning，IZOF)：一般人表現最好的時候並非在完全冷靜時，也不是在十分緊張時，而是大約在中間，那就是「個人最適功能區域 」。美國職棒最好的投手之一格里特．柯爾（Gerrit Cole）說過：「我因為不緊張而緊張。」適度的緊張，可以幫助一個人達到最佳表現。而我則常常是太緊張，只要覺得自己全身肌肉緊繃、腦袋空白，我會用「集中練習」其中的幾個步驟，幫自己回到 IZOF（這本書裡也有講）。
- 找到專注點：除了事先知道的重大事件（如演講、重要考試）之外，工作中很多時刻都是瞬息萬變，每個小時都要準備戰鬥。這樣隨時處於待命的緊繃狀態當然維持不了多久，於是很快就會感到身心俱疲。記得提醒自己最高優先順序的事情是什麼，然後專注在高度優先的項目並複習應變策略。這時候靠的可不是熱血、激情或腎上腺素，而是事先擬定的策略（如「A發生的話要做1、2、3；B發生的話要做4、5、6」）。

- 建立並使用儀式：倒不是說像鈴木一朗那樣每天都吃一樣的食物（我到現在還是無法想像這樣的生活），但在迎接重大時刻前，建立一套固定的習慣（如先去洗手間一趟、聽某首歌、或使用某個牌子的筆）可幫助自己穩定心情、降低焦慮和未知所帶來的不安。

在這樣的專訪馬拉松過了幾回合後（沒錯，以謹慎著名的日本人，還事先安排了幾次比較沒那麼重要、但時間一樣長的專訪作為測試），他們很滿意，最近一次甚至還有人特別訪問我：「有什麼音樂，是會讓你增加戰鬥力的嗎？」沒錯，這剛好又是一個書中提到的祕訣：根據不同情境，建立自己的歌單。無論是剛起床的時候、運動的時候、需要深度思考的時候，不同的音樂有助於創造氛圍和情境，提升表現。「早上我會聽90年代的J POP和J Rock，像是BUMP OF CHICKEN、GreeeN和Splitz；下午我會聽鄉村音樂和搖滾樂。」我回答，螢幕對面的每個人都笑得好開心。我想，大家應該都想到自己心目中的那幾首歌了吧。

（本文作者為《安靜是種超能力》作者、美國非營利組織Give2Asia慈善顧問。）

【前言】

每次上場，都是最佳表現

一個夏日早晨8點剛過，位於紐澤西中部一家醫院的神經外科醫師馬克·麥克勞林（Mark McLaughlin），正躺在位於更衣室陰暗角落的一把破爛扶手椅上。

再過不久，麥克勞林就要在一名73歲的病人背部切開6英吋的切口；這位病人因罹患關節炎，導致下半部脊髓神經受到壓迫而不良於行。整個手術過程將超過3小時，麥克勞林得在離病人主動脈只有幾英吋的要害神經又鑽、又鑿、又切。他必須全神貫注。

穿著綠色手術服的麥克勞林，雙腳擱在一張矮几上，身體往後躺。

他的雙眼緊閉，將iPhone放在胸前，以低音量播放音樂家巴哈譜寫的清唱劇。有好幾分鐘時間，他只是這麼沉默不語地坐著，等到病人被麻醉了，護士才打電話通知他。麥克勞林起身，敏捷地走向位於走廊另一端的手術室，51歲的他戴著眼鏡，頭髮漸漸染上霜白，卻仍舊保有大學時期身為摔角選手的魁武身材。

不過大部分外科醫師的工作方式，其實與麥克勞林迥異。在正式執行手術前的那一小段時間，他們會跟護士及同事們說說笑笑，或者查看電子郵件、做些文書工作、打幾通電話。他們的態度輕鬆冷靜，對待手術的態度，彷彿只是工作日的日常。

反觀麥克勞林從不跟人談笑。他在水槽刷手時，手術衣外面罩著一件以鉛為襯裡的圍裙，用以防護手術期間使用的X光。他這時會再次閉上雙眼，如果有同事想跟他說話，麥克勞林會有些粗魯地回應：「現在別跟我說話。」他全心地投入執行手術前的例行程序，這套程序衍生自當年在學校時為了摔角比賽而學會的方法，而那所學校距離他如今就職的醫院，大約1小時的車程。

麥克勞林在六年級[1]時開始練摔角，雖然他立刻展現了從事這項運動的天賦，但身體技能並沒有讓他的比賽成績特別突出。後來，他終於發現阻礙自己進步的原因，他說：「我的生理完全準備好了，但心理還沒有。」

於是麥克勞林開始和一位運動心理學家合作，請對方幫他精心編製一套心理準備程序。

比賽之前，麥克勞林將在心中將自己摔角表現最好的時

1. 相當於台灣學制的國中一年級。

刻，想像成一段精彩影片，用來強化自我的信心。「心理學家教我記住正面事件的影像與聲音——摔角墊的感覺、周遭的一切、色彩。」他回憶道，「我專注在預備的例行程序，這樣的程序就像是試著讓我進入自動駕駛模式，促使我的身體進入那種律動。」

當開始採用這套賽前例行程序後，麥克勞林在摔角場上的感受完全不一樣了。他再也聽不到觀眾的聲音，時間感也變了。雖然整場摔角比賽持續了6分鐘，他卻覺得彷彿30秒就結束了。那些擔憂、自我懷疑、負面想法顯著減少，而且漸漸地，多數比賽他都能獲勝了。

麥克勞林在威廉瑪麗學院（William & Mary）繼續練習摔角，並擔任隊長（兩任），成功獲得維吉尼亞州的冠軍榮耀，後來更被納入該校運動名人堂。之後他專心攻讀醫學院，主修神經外科。

幾年後，身為外科醫師的麥克勞林漸漸發現，摔角選手面臨的壓力，和手術的壓力有相似之處。外科醫師必須保持高度專注，如果心有旁騖，可能很快就會發生不好的事，就像摔角一樣，只是摔角的利害風險比較低。身為外科醫師總會得到正面或負面的結果，久而久之，聲譽取決於手術成敗紀錄，而這也跟摔角一樣。

因此在每一次執行手術前，他開始運用當初成功扭轉摔角生涯的方法，藉由完成一套有系統的流程，讓心態進入最佳狀態。

讓心態進入最佳狀態的例行程序

這套例行程序從今天一早就開始，麥克勞林在進入手術室之前，會喝下一天三杯咖啡中的第一杯。如果值班期間半夜被叫醒進行緊急手術，可能還會喝更多，特別是時間漫長的手術（麥克勞林最長的一場手術，持續了18個小時）。為了在睡眠有限的狀態下保持長時間專注，有些外科醫師會仰賴一種稱為「普衛醒」（Provigil）的處方藥，這是「有助保持覺醒狀態」的**藥物**，讓使用者保持清醒並維持專注長達24至36個小時（卡車司機、創業家、華爾街交易員等也會使用）。有些外科醫師和牙醫也仰賴「乙型阻斷劑」（beta blocker），以便讓他們在特別焦慮的手術期間維持雙手穩定。麥克勞林從未遭遇過無法控制的震顫，他也試過服用普衛醒錠，但他不喜歡，因為這種藥物會讓他變得偏執多疑，因此便改以咖啡為手術前的唯一輔助。他說：「我強烈相信咖啡因是有助臨場表現的物質。我在手術期間非常專心，所以我毫不懷疑地認為是咖啡因發揮了強大的作用。」

隨著麥克勞林從餐廳來到更衣室，接著進入外科手術樓，他全心地投入流程的下個步驟：迅速整理一連串明確的想法和視覺想像，他稱此為5P。第一個是**暫停**（pause）：盡量忘記這一天稍早發生的事，只專注在眼前。接著深入思考**病人**（patient），他對自己說：「這是一位73歲老人一生中最重要的時刻。我務必要讓他免除痛苦，並能夠再次輕鬆走路。」他重新檢視**計畫**（plan），在心中一步步地演練這場手術。接著，他會灌輸自己一些**積極正面的想法**（positive）：「你來到這世間，就是為了執行這一場手術。能夠用你的能力幫助這個病人，是多麼大的殊榮。」最後，在走向手術檯時，他會快速地念一段**禱告詞**（prayer）：「我已做完所有儀式，而我現在非常專注。」

像這樣的例行手術，在醫療團隊聚集在手術檯周圍時，麥克勞林不會多說什麼。但是在特定情況下，特別是遇到病況急速變化的病患，麥克勞林會用另一種方法向同事們**精神喊話**，他會說：「聽好了，我們必須同心協力。這個病人性命垂危，我們只有10分鐘，我們要團結一致，互相幫助，專注在需要做的事情上，不要灰心喪志。」如果每次手術前都說這番話，那麼精神喊話就會失去作用。不過因為麥克勞林只在某些緊急或急迫情況下使用，所以他相信自己的話能幫助團隊發揮最佳表現。

麥克勞林和大多數外科醫師一樣，會在手術前和期間**播放音樂**。但不同的是，他依照進行的手術類型，而有極為明確的偏好。他的播放清單大部分是鄉村音樂，不過假如遇到壓力特別大的手術，他會打開古典樂播放清單，讓自己冷靜下來。當病人大出血時，他會要求聽一些鄉村樂手喬治・史崔特（George Strait）的歌曲，他無法明確地解釋箇中原因，但這有助他進行傷口止血。而在手術十分棘手時，他會播放約翰・希亞特（John Hiatt）那首相當鼓舞人心的鄉村歌曲〈透過你的雙手〉（*Through Your Hands*），他說：「雖然這聽起來很怪，但每當我感到艱難時，它總能幫我順利度過。」對麥克勞林來說這首歌意義重大，因此他還特地聘請希亞特在他50歲生日宴會上表演。

麥克勞林的術前儀式，有些部分頗令人費解，如果不知道其所代表的重要意義，就無法明白他為什麼做那些舉動。

舉例來說，在這場手術開始前，他在切口處注射了19毫升的利多卡因（lidocaine，局部麻醉劑）。大部分外科醫師會用像是20毫升的整數，但麥克勞林更喜歡以「9」為劑量的尾數，他認為這是個**幸運數字**。在他手邊的手術器械盤裡，會放一組他稱為「詹內塔」的顯微手術工具，這套工具是以麥克勞林的導師、知名神經外科醫師彼得・詹內塔（Peter Jannetta）為名。這套工具如今已經淘汰，麥克勞林也鮮少用到，但他覺得它們的存在，具有一種像是**迷信**般的神奇安撫作用，他說：「那感覺像是每當進行一場困難的手術時，詹內塔醫師就在屋裡陪著我。如果我沒看到這組器具在手術現場的話，我會感到焦慮。」

麥克勞林通常在手術前表現得冷靜自信，偶爾還會面露一絲怒氣，這和從前在摔角比賽開始前，用一股敵意來面對對手並無不同，他說：「我的對手就是我要進行手術處理的疾病，我把它當成敵人。那不是由仇恨所驅動的，那更像是一種『我要怎樣才能打敗這東西？』的動腦過程。」偶爾，他會在手術期間對著手邊的「對手」說些垃圾話，咕噥道：「我要打爆你。」

不過麥克勞林的習慣程序也有一些缺點。其他外科醫師直到切下第一道切口前，都在同時進行多項工作，因此他們效益更高，有時間處理更多行政工作。而麥克勞林在開始工作前，卻如此地保持沉默又專注，他的手術室甚至會令人感到一絲緊張氣氛；如果我是護士，可能更喜歡工作的手術室現場有同事閒聊昨晚的電視節目，或討論周末行程的安排。

麥克勞林承認，沒有確鑿證據證明他在手術前那段時間做的事會提升表現，也沒有簡便的辦法可測試那些舉動是否會造成影響。

但他相信在最重要的時刻，他的例行程序會提高注意力和集中力，減少犯錯機率。而且就算氣氛嚴肅，他認為同事能體認到他的工作習慣穩定並且可預測。「我拿不出任何證據。」他說，「我覺得我的例行程序有幫助，但我其實也不清楚。」

運動界的心理準備方法，商業人士也適用

與馬克・麥克勞林不同，我高中時期在運動方面的表現可說非常平庸。我骨瘦如柴又動作緩慢，在美式足球隊裡是進攻線鋒[2]候補；最支持我的球迷是球隊的洗衣女工，因為我的球衣很少弄髒。至於籃球，在升高中前後算打得不錯，但後來其他人都長高了，我卻成了一個運球技巧沒有很出色的後衛。等到我進入大學校隊後，我的功能就只是類似美國職籃波士頓塞爾提克隊傳奇教頭「紅頭」奧拜克（Red Auerbach）[3]的雪茄：如果派我上場，就代表教練覺得這場球賽贏定了。

不過，高中時期接觸運動，也幫我開了一扇窗，可窺見教練在比賽前的最後時刻，用來讓我們做準備（以及選手用來給自己做準備）的心理學方法。我們的方法跟大多數球隊差不多，都是依賴特定的音樂來激勵自我，30年後再聽到那些歌，我的脈搏依然會變快。我們的球隊有儀式性的賽前禱告和例行程序，教練會盡量點燃我們對關鍵對手的戰意。我們也花幾個小時，聆聽總教練試圖對我們灌輸比賽使命感的精神喊話。

2. 美式足球的進攻組，是最前線負責開路、阻擋及發球的5人小組。
3. 美國職籃傳奇總教練，他總是叼着雪茄指揮球隊的形象，深入人心。

我因此終生都沉迷於研究如何在重要時刻前做好心理準備。觀看奧運時，我對運動員在比賽前做的事跟比賽本身同樣感興趣。我的目光總會被某些政治人物的影像吸引，像捕捉到候選人走上辯論台前，或發表攸關選戰成敗的演說之前的片刻，他們是怎樣保持冷靜的？他們都用什麼工具提高信心？有什麼心理技巧讓他們發揮最好的表現？

成年以後，我的工作跟運動幾乎沒有關係。身為《哈佛商業評論》(*Harvard Business Review*)的編輯，我的時間都用在閱讀學術研究和協助教授、顧問、高階主管撰寫「致力於改善管理實務」的文章，這也是本公司的宗旨。這個工作很好，但不會讓人激動興奮得擊掌祝賀，或是將開特力(Gatorade)[4]飲料倒在老闆頭上。

但我詳細審查研究資料，意外地發現竟然不時會遇到一些實驗，涉及我在高中更衣室經歷過的方法，只不過它們是不同版本。

我常發現有學術研究在檢視，**如何利用自我對話和精神喊話、儀式和迷信、心理技巧和其他手段，幫助白領專業人士做好準備，以迎接高壓的任務**，許多案例都有證據顯示，這些例行程序確實能幫人表現得更好。

---

4. 以運動為主題的美國飲料和食品品牌，以其標誌性的運動飲料系列為大宗。

這些見解有一部分已經進入主流，比如哈佛大學教授艾美・柯蒂（Amy Cuddy）著名（也有爭議）的「權力姿勢」（power posing）[5]。但是這些研究很多依然沒沒無聞。

自從麥爾坎・葛拉威爾（Malcolm Gladwell）[6]出版《異數》（*Outliers*）以來，這些年我們的社會沉迷於實務練習，按部就班、苦心費力地練習超過1萬小時，就為了達到精通熟練。

練習當然是高績效者不可或缺的，但是排練的時間終有結束的時候。觀眾已經就座，管絃樂隊也做好準備；或者病人已經麻醉，護士將解剖刀遞給你。無論臨場表現是發生在法庭、教室、會議室，也不管要做的是簡報、談判、推銷、面試，都只有幾分鐘時間讓自己鎮定下來，並做好心理準備。沒有多加練習的空間了，我們需要快速命中的手段和提高效率的小訣竅。

其實，有愈來愈多研究在探討如何充分利用這些關鍵時刻，但就像馬克・麥克勞林觀察到的外科醫師，大部分人都忽略了這些技巧，直接一頭栽入。

---

5. 柯蒂指出的重要觀念是，身體語言可以帶給內心能量，而充滿信心的「權力姿勢」，會刺激內分泌的微妙變化，提升個人的臨場表現。
6. 《紐約客》（*The New Yorker*）雜誌撰稿人及暢銷作家。書籍作品屢創下銷售與討論熱潮，更長期盤踞《紐約時報》（*The New York Times*）、亞馬遜書店暢銷榜。

一上場就吸睛，已是必備的能力

本書的主旨是：介紹正式上場前的那些重要時刻應該做些什麼。

我們將檢視登上舞台之前，處理大量湧現的腎上腺素、提高專注力、增加信心以及讓情緒達到最佳狀態的嶄新方法。我們將探索音樂如何幫人做得更好（有時候則不能），把目光瞄準對手是否可促進進步，以及什麼樣的精神喊話效果最好。我們還會看到高績效的專業人士如何使用這些技巧。我們將觀察運動員、演員、音樂家、軍人、業務員等專業人士所從事的心理準備，這些人儘管有多年實務操作經驗和令人羨慕的成績，但對每個人來說，真正重要的個人評價，還是要看有沒有能力在關鍵時刻交出一次精采的表現。

對於做好心理準備的流程，我們所知大多來自體育運動。我們在更衣室裡跟善意的教練學習，而那些大多是基於直覺或常識。

但隨著心理學家及社會科學家開始仔細觀察，究竟是什麼因素能幫助我們在正式上場前讓心理和情緒進入最佳狀態，卻發現直覺往往會背叛我們。有些建議相互矛盾，許多人到頭來做的方式是錯的，愈貼近實務需求的操作方法愈可以得到更好的結果，縱使這一套並不是你現在的做法。

許多人可以從更好的臨場例行程序獲益。隨著工作性質改變，現在許多專業人士的成敗較少取決於重複性的日常任務，反而是基於少數的評鑑時刻。執行計畫更關鍵的是第一印象，然後是最終結果呈現。

現代生活的「自雇性」就業和「零工」及「副業」，需要更頻繁地接受工作面試或進行銷售服務，這可以想像成你參加《創智贏家》(*Shark Tank*)[7]節目，也就是更仰賴在壓力下推銷宣傳的能力。

假設你一年工作2000個小時，但整體成就主要還是建立在那關鍵數十小時的表現——推銷宣傳會議、業務拜訪與老闆的重要談話等——本書列出的心理準備技巧，應該能幫你做得更好。

說回手術室，馬克·麥克勞林完成一長串的內部縫合，並將外科縫合針交給助理，由助理完成收尾，此時已經接近午餐時間。他回到更衣室，換上卡其褲和馬球衫，再走到等待區。他對病人的妻子說：「一切進行得很順利。他應該2、3天後就能回家。」她問起丈夫是否能夠再次行走如常，麥克勞林說，情況看起來非常好。

換成其他拿起解剖刀之前會發推文或說笑的外科醫師，或許也能得到類似的結果；但如果躺在手術台上的是你摯愛

---

7. 美國知名實境秀節目，每集邀請數位創業家上節目，跟5個投資者（節目中稱他們為Shark）進行簡報，爭取投資。

的人，若得知醫師在手術前的最後時刻正竭盡所能提高成功機會，難道不會更放心？

本書將告訴你，該怎麼在關鍵時刻來臨前，做好所有準備。

CHAPTER 1

戰鬥或逃跑反應

——該冷靜下來，

還是乾脆讓腎上腺素飆升？

影山諾亞（Noa Kageyama）7歲時參加綺色佳大學（Ithaca College）的夏季音樂課程，和大多數音樂營一樣，該課程將會在結業時，請學員準備一場演奏會。從小在美國俄亥俄州中部長大的影山，2歲開始拉小提琴；5歲時遠赴日本，師從知名的鈴木音樂教學法創始人鈴木鎮一；6歲時，他開始上電視演奏小提琴。因此到了7歲時，影山已經是位經驗豐富的演奏者。在等待上台的期間，他感到放鬆與自在，怎麼可能會出錯？

然而就在輪到他演奏前，一位女孩拿著小提琴上台準備開始演奏，結果卻是一場令人感到揪心與尷尬的災難。只見她不斷地停頓又開始演奏，彷彿忘了原本已準備好的樂曲旋律一樣，她臉上的緊張與窘迫顯而易見。站在幾步之外親眼目睹這個景象的影山，頓時有了一場領悟，而這個領悟也從此改變他的人生方向。「『在舞台上可能發生壞事』的這個念頭，突然闖進我的腦海。我以前不知道會發生那種事，因為我從未見過。」他說。在等待演奏時，影山開始感受到這種陌生的複雜感覺，這是一種他不熟悉的憂慮與恐懼，以至於他不知該如何解釋。

儘管心中萌生這樣的焦慮，影山在綺色佳演奏會的表演還算不錯。後來，他依然每天練習小提琴。到了青春期，他跟著成人交響樂團演奏，贏得獎學金，並跟隨世界知名小提琴家學習。高三時，他每個周末從俄亥俄州飛往紐約市，參加茱莉亞學院（Juilliard School）的大學預備課程。在這期間，他從未在表演時經歷徹底的恐慌。

不過，他確實感受到細微的焦慮跡象：有時候雙手會大量冒汗，有時候會心不在焉。他說：「即使做好準備了，卻有種為何無法始終如一地發揮演奏實力的挫折感。」雖然他的臨場焦慮在旁人看來不是特別明顯，但他開始將之視為一種無法預測的邪惡手段，試圖不公平地削減他以大量練習時間所換來的應有回報。

1999年，23歲的影山成了茱莉亞學院的研究生，他選修一門「提升音樂家演奏表現」（Performance Enhancement for Musicians）課程，由曾與奧運運動員合作的運動心理學家授課。這門堂讓他理解，「後台恐慌」（backstage jitters）是音樂家生涯無可避免的一部分，但就算無法徹底消除，還是可以藉由系統性地培養技能，使自己在有「後台恐慌」的情況下仍能表現出色。「這實在令人大開眼界。」影山說，「那不是難以預測的風險。我可以做一些努力，讓自己更能妥善處理這種狀況。」

然而這堂課卻衍生了一個意外結果：導致他徹底放棄拉小提琴。影山在大學時主修心理學，這位年輕小提琴家愈是思考自己究竟對於什麼領域感興趣，就愈明白自己其實最想將在茱莉亞學院的課堂中所學到的技能傳授給他人，而不是自己演奏音樂。因此從茱莉亞學院的碩士課程畢業之後，他前往印第安納大學（Indiana University）攻讀心理學博士。如今，他的小提琴放在一個鮮少打開的琴盒裡。

某個9月天的上午11點鐘，影山教授站在茱莉亞學院的102教室，教授這門改變自己人生的課程新版本。影山身形瘦削，說話輕聲細語，一頭黑髮剪得極短。他的身邊圍著一圈椅子，坐著20位研究生，腳邊放著他們的樂器盒，有中提琴、大提琴、長笛、巴松管。前一周是這學期的第一堂課，他讓學生帶來自己的樂器，輪流到教室前方，他則拿著一台錄影機架在三角架上隨意走動（他沒有真的錄下學生們的表演，只是拿著這台攝影機，告訴他們他會將影片寄給茱莉亞學院的教務長，以此增加他們的壓力）。他要每個學生演奏60秒，但計時器的設定其實是90秒，以此讓他們慌亂失措。他想看他們在壓力下演奏的情況。

這一周的課堂是授課和討論輪流交替，焦點在於腎上腺素和「戰鬥或逃跑」（fight or flight）反應[1]，對音樂家可能有什麼特別不利的影響。例如鋼琴演奏者的手指會變冷，而若感到呼吸急促、口乾舌燥，對演奏管樂器的音樂家來說可能是場大浩劫。為幫助學生了解如何妥善應對這些狀況，影山

1. 一種生理反應，感知到有害事件、攻擊或生存威脅所做出的反應。

帶領他們做一個稱為「專注核心」(centering)[2]的放鬆練習，然後給每個學生一段限定時間，讓他們完成一份有84道問題的表演技能清單（Performance Skill Inventory），這份清單會凸顯每個音樂家處理臨場焦慮的長處和弱點。

我和影山先離開教室，步行前往市郊的一家中餐廳時，他告訴我下周的課堂計畫：他打算讓那些學生先做一套健身操，直到心跳加速、渾身出汗，然後再讓他們演奏樂器。「心臟劇烈跳動時，會讓人分心，」他說，在那種感受下演奏，可能就比較不會那麼容易緊張與不安。「這和試演時需要的條件是同一回事：不受身體傳達的訊息影響，專注在手上的任務。」

影山將音樂家面對試演，和發射台上準備就緒的火箭做類比，兩者都會經歷倒數計時的滴答聲。與其被動地感受倒數計時，他希望學生練習具體的步驟，做好發射的準備。他說這為期15周的課程，終極目標是：確保在那最後幾秒鐘，盡力做好呈現出完美表現的最佳準備。

怯場，是戰鬥或逃跑反應的一種方式

對於幫助人類表現來說，如果心理學是軟體，那麼生物

2. 類似於專注冥想。

學就是硬體。對於影山諾亞等專注於研究個人表現的心理學家來說，通常的任務是幫助某人在準備登場表現時，控制及適應體內所發生的化學反應，以及因此造成的情緒反應。

這些反應過程，主要和腎上腺素及焦慮情緒有關。找到辦法控制這種生物及情緒反應，是善用影山形容的「倒數計時」階段的第一步。

醫學界最早是在十六世紀發現附著在腎臟上方的小器官：腎上腺（adrenals），但是解剖學家又花了300年，才知道腎上腺的用途。到了1800年代中期，醫師開始從腎上腺有腫瘤的病人看出一種模式：當腎上腺運作不良時，病人會有低血壓、疲倦、昏厥等症狀。1890年代，醫師開始給動物（以及）少數人類注射從腎上腺提取的腎上腺素，並觀察到這種神祕物質，會導致血壓、心跳、呼吸的瞬間提升。

《紐約時報》1903年報導的一項實驗，一名研究人員利用麻醉劑讓一隻狗心跳停止，有15分鐘沒有生命跡象，接著又注射一劑腎上腺素讓牠復活。後來，這位研究人員收到如雪片般飛來的信件，詢問他是否能用腎上腺素給死亡多年的人進行「拉撒路式復活」[3]。

---

3. Lazarus，耶穌的門徒與好友，《新約聖經》紀載，拉撒路病死埋葬後，因耶穌而奇蹟式復活。

雖然腎上腺素沒有那麼神奇，但科學家立刻對它的適應性用途感到驚奇不已。哈佛醫學院教授布萊恩・霍夫曼（Brian B. Hoffman）在探討腎上腺素相關歷史的引人入勝作品《腎上腺素》（*Adrenaline*）中如此寫道：「假設一個人要逃離一隻兇猛的狗，腎上腺素會分泌，並朝有利的方向整合器官的功能。它增加心臟的輸出量，以便將更多充滿營養又富含氧氣的血液打入身體其他部位；增加流入肌肉的血液，遠離其他沒有立即需求的器官，比如腸道；打開肺部以吸入更多氧氣；並在受傷時切斷流向皮膚的血液，以限制出血。」到了1920年代，哈佛生理學家懷特・坎農（Walter Cannon）給這個身體組織因應壓力而創造的特殊反應，創造了一個名稱：「戰鬥或逃跑反應」。

「怯場」只是「戰鬥或逃跑反應」的一種獨特表現方式，但因為是十分熟悉且普遍的現象，所以獲得深入研究。這樣的研究尤其有助於了解處理腎上腺素和焦慮問題時，哪些方法管用、哪些不管用。

雖然大部分人不是音樂演奏家，但是關於「怯場」的研究，卻有相當驚人的數量是以這個職業為焦點。這主要是因為以音樂演奏家身分登台表演是相當困難的，特別是相較於發表TED演說、在會議室做報告，或是上電視。影山說：「公開演講其實有很多自由發揮空間，因為觀眾不知道你本來要說什麼。會議報告時也可以有很即興的臨場發揮，但是說到音樂演奏的話，人人都知道接下來應該是哪個音符、聽起來應該是什麼樣的旋律。」此外，音樂家還必須面臨瘋狂的生存競爭：在大城市的交響樂團，可能只為了一個空缺，就有至少200位音樂家報名試鏡。

深入探究「怯場」的研究，最引人注意的是問題的普遍性。在《戰勝恐懼：怯場的歷史與實錄》（*Playing Scared: A History and Memoir of Stage Fright*）一書，記者兼業餘鋼琴家莎拉．索洛維奇（Sara Solovitch）一一盤點艱難對抗嚴重舞台焦慮的音樂家（包括保羅．麥卡尼〔Paul McCartney〕、弗拉基米爾．霍洛維茲〔Vladimir Horowitz〕、艾拉．費茲潔拉〔Ella Fitzgerald〕、盧奇亞諾．帕華洛帝〔Luciano Pavarotti〕、洛．史都華〔Rod Stewart〕、貝蒂．蜜勒〔Bette Midler〕、芭芭拉．史翠珊〔Barbra Streisand〕）。索洛維奇形容怯場「既是十足神祕的、心理對抗身體的反叛行為，也是可笑的普遍現象，就像普通感冒一樣地尋常。」她繼續列舉為了克服恐懼，在鋼琴演奏會登台表演而嘗試的技巧，包括催眠、冥想、瑜伽、認知行為療法、精神藥物、暴露治療法、眼動療法以及各種呼吸練習。

有些表演者會發展出有創意的技巧以應付這種苦惱，音樂家卡莉．賽門（Carly Simon）就是經常被提及的極端例子。1981年在匹茲堡的一場音樂會上，賽門的舞台焦慮發作，情況嚴重到她請觀眾爬上舞台，搓揉她的手臂幫她平靜下來，好讓她完成表演（她在2015年的回憶錄《樹上的男孩》〔*Boys in the Trees*〕中詳細描述過這件事）。這個插曲導致她取消一次巡迴演出，而且有7年時間再也不曾公開演唱。她後來回憶道：「這其實非常矛盾，因為我很喜歡表演，但是當焦慮來臨時，體內的腎上腺素強烈到將我撂倒。」後來，賽門開始要求演唱會場必須打開觀眾席的燈光，減少聚焦在她身上的聚光燈。她會強迫性地專注在前排的一位觀眾，故意用她的注意力讓這位粉絲感到尷尬，以將那種焦慮情緒從自己身上拋開。1990年代末期，她又把長沙發帶到舞台上，以便可躺下來演唱。當她得知身體的疼痛可減少情緒上的焦慮，又開始在登台時拿大頭針戳自己的手；或是在表演開場前，請人打她的屁股。知名戲劇評論家約翰．拉爾（John Lahr）在《紐約客》雜誌撰文敘述，1996年賽門應邀在柯林頓總統的生日宴會上演出，當簾幕快要拉開前，她正在舞台上被整個伴奏樂隊的人打屁股。

儘管有如賽門這樣的處方，卻沒有學術研究指出，在表演前打屁股可幫助眾人消退表演前的緊張情緒。但有令人意外的研究顯示，臨場會緊張的人最常得到的建議是盡量放鬆並冷靜下來，不過這往往弊大於利。

愈告訴自己冷靜，反而愈會搞砸

愛麗森．伍德．布魯克斯（Alison Wood Brooks）還是普林斯頓大學（Princeton University）大一新生時，曾為了加入一支叫做「普林斯頓咆哮20」（Princeton Roaring 20）的男女混合無伴奏合唱團而接受試唱。要在這個合唱團取得一席之地，競爭超級激烈，每年有大約100名學生參加選拔，爭取大四畢業生留下的3、4個空缺。布魯克斯高中時演奏雙簧管和鋼琴，雖然她沒有正式的演唱經驗，但是天生有副好歌喉。因此在一個秋日夜晚，她自信地走入試音室，演唱克莉絲汀．阿奎萊拉（Christina Aguilera）的歌曲〈美麗的〉（*Beautiful*）。她說：「那真的很像電影《歌喉讚》（*Pitch Perfect*）的場景。」幾天後的晚上，布魯克斯獲邀加入這支合唱團。

之後，她也成了選拔未來團員的評審之一。布魯克斯在大二、大三、大四那幾年，觀看過幾百名應試者經歷選拔的嚴酷考驗，於是她也漸漸注意到兩種明顯的行為。有一類歌手在唱歌前可見到明顯的緊張，他們的聲音或身體可能會微微顫抖，有些甚至會在開口唱歌前先道歉：「不好意思，我真的很緊張。」第二類歌手的表現則不一樣，似乎更加積極有活力，比較沒那麼窘迫，他們通常會笑著說覺得興奮激動，而不是緊張，他們會誠摯地說：「非常感謝給我這個機會。」

布魯克斯觀察形形色色的行為之際，從他們的表現注意到一種趨勢。她說：「試唱時表現不錯的人，會將焦慮重新轉化為興奮，或往積極正面的方向疏導。」明顯可見，緊張的歌手通常唱得沒有那麼好。

從普林斯頓畢業後，布魯克斯進入賓州大學華頓商學院（Wnarton School of the University of Pennsylvania）的博士班。就讀博班時期，她的消遣是在晚間收看歌唱選秀節目《美國偶像》（*American Idol*），她從初期海選試唱觀察到的，正如實反映她在「普林斯頓咆哮20」合唱團試唱選拔中看到的行為。在試唱前的訪談對主持人萊恩．西克雷斯特（Ryan Seacrest）表示會感到緊張的參賽者，往往在評審面前的表現較差；而表示感到激動興奮的人通常表現較好。

身為博士班研究生的布魯克斯，好奇不同的情緒對於人在不同任務的表現中有何影響。她的主要研究興趣是：焦慮。「研究人員長久以來都意識到焦慮問題，也感到好奇，至少對臨床情況感興趣，但對於正常人每天感受到的焦慮，我們不知道的卻還有很多。」她說。布魯克斯談到「特質焦慮」（trait anxiety）和「狀態焦慮」（state anxiety）的差異；前者是指個人的特性使人容易受到焦慮症的影響，需要藥物或治療；後者則指不是特別容易受焦慮影響、可正常回復平衡的人，對緊張壓力的反應。

布魯克斯在博士生時期共同著作的論文，主題是研究「人在焦慮時，如何談判協商（通常表現差勁）；以及焦慮的人做決策時，是否過度依賴顧問或專家」。她的研究是利用一種獨特的方法，讓人感到焦慮，有一組實驗是這樣的：她讓受試者在進行任務前，先聽一下經典驚悚電影《驚魂記》（*Psycho*）的音樂，並觀看電影片段。

她為博士論文設計了這個科學實驗，徹底檢驗當初為「普林斯頓咆哮20」合唱團擔任選拔評審時所注意到的現象。首先，她想了解有多少人認為，「冷靜下來」是處理表演情境的最佳方法。她調查了200人，詢問他們會對一個即將發表大型演說的緊張同事說什麼。超過90%的參與者會告訴朋友「盡量放鬆與冷靜」，只有不到8%的人會建議「盡量用興奮感取代焦慮」。她在博士論文中提到英國戰爭時期的海報，上面有「保持冷靜，繼續前進」（Keep Calm and Carry On.）的經典名句，這是給面臨緊張場面的人最普遍的建議。

研究的第二部分，她招募113個人演唱旅行者樂團（Journey）的〈不停相信〉（*Don't Stop Believin'*），並利用任天堂Wii電玩遊戲〈勁爆卡拉OK〉（Karaoke Revolution）電腦程式，根據音調和節奏為每個歌手評分。歌手隨機分為3組，並在每人開始演唱前，告知他們要做三件事的其中一件。有一組什麼都不用做；另一組要大聲地說：「我好焦慮。」；第三組則必須大聲地說：「我好興奮。」當分數累計後，任天堂系統給了「我好興奮」組歌手的平均分數為80.52；什麼都沒說的那一組分數為69.27；表示焦慮的那一組表演者分數為52.98。後續有兩個實驗，其一是要求發表工作相關的演說，另一個則是要求做數學難題；她再次發現，任務前表示「興奮」的人，表現明顯優於說會緊張、冷靜或被告知要盡量保持冷靜的人。

從緊張調整為興奮

「一般人總是會非常直覺地認為，壓力大的情境下要努力保持冷靜。」布魯克斯說，「我們老是這樣聽說，大家不是拚命地說『冷靜』，要不就是說『別焦慮』。但難就難在似乎很難找出策略來真正做到。」

布魯克斯目前是哈佛商學院（Harvard Business School）的助理教授，她的研究成果所描述的歷程，心理學稱為「**再評估**」（reappraisal），形容一個人如何重新評定一個可能誘發情緒的場面，以改變情緒的影響。這可歸類在「**情緒調節**」（emotion regulation）[4]歷程的其中一組策略。史丹佛大學（Stanford University）心理學家詹姆斯・格羅斯（James

4. 個體根據內外環境的要求，在對情緒進行監控和評估的基礎上，採用一定的行為策略對情緒進行影響和控制的過程，是個體為保持內外適應的機能反應。

Gross）是情緒調節的著名權威，他描述各種可用來調節情緒的手段。比方說，「**情境選擇**」（situation selection）是指一個人避開可能導致生氣、悲傷、焦慮的情況（例如你的孩子如果只要看到小丑就覺得害怕，那你大概會避免去欣賞馬戲團）。「**情境調整**」（situation modification）是改變環境以減少負面情緒的方法（如卡莉・賽門要求在表演中打開觀眾席燈光，採用的就是這個策略）。「**注意力分配**」（attentional deployment）是設法讓人不去察覺觸發負面情緒的情況（分散注意力就是例子）。而「再評估」，是格羅斯稱為「**認知改變**」（cognitive change）策略的一個例子，這種方法沒有真正改變引發負面情緒的環境，而是盡量改變你對情況的認知。

在一個完美的世界裡，或許有可能將緊張感「再評估」為不激動、冷淡平靜。但布魯克斯認為在現實世界裡，那樣的跳躍太大了。她說：「這個論點認為，焦慮和興奮其實非常、非常接近，但焦慮和冷靜實在差距太大。」與其一心想著冷靜，比較聰明的策略是設法讓自己**從緊張調整為興奮**，這種心理轉變比較細微，但做得到。

比起心理學的大部分領域，「再評估」是相對較新的研究領域。但布魯克斯並非唯一進行實驗、嘗試了解其影響力的研究人員。羅徹斯特大學（University of Rochester）教授傑瑞米・傑米森（Jeremy Jamieson）曾進行一系列的「再評估」研究，許多都是檢視學生如何應用在考試上。以2010

年的一項研究為例，傑米森和同事觀察一群正為研究生入學考試（GRE）準備模擬考的學生。在考試開始前，他們請一組參加考試的人宣讀以下聲明：

一般人認為參加考試時若覺得焦慮，考試表現會欠佳。但是最新研究顯示，激動情緒對考試成績沒有害處，甚至對成績有幫助。這意味著如果你參加今天舉辦的GRE考試覺得焦慮，不必憂心。要是感到焦慮，只要提醒自己，激動情緒可幫你發揮良好表現。

研究人員觀察考試結果，發現讀過聲明和沒有讀過聲明的人，語文分數沒有差別。不過，讀過「再評估」聲明的人，數學考試的分數平均高出55分，增加幅度頗為顯著。一個多月後等他們繼續追蹤真實的GRE應考成績，發現儘管已過去一段時間，在實驗期間讀過「再評估」聲明的學生，數學分數高出65分，顯示出他們比較不受焦慮感影響，且依然相信焦慮對成績有幫助。

傑米森和同事總結：「一般人對自身內在狀態的評估是靈活且有彈性的，而且詮釋內在狀態的方法，對情緒、生理、行為而言，可能將有深遠的影響。」

對於臨場之際極度焦躁緊張的人，這個「再評估」研究的啟示很清楚：**無論別人告訴你什麼，都不必執著於冷靜下**

來；而是要告訴自己，手心冒汗及心跳加速都是正面跡象，因為那意味著興奮。你有幸身在這裡，並有這個機會證明自己的優秀。不妨聽聽R&B歌唱團體《指針姊妹合唱團》（The Pointer Sisters）的歌曲〈我好興奮〉（*I'm So Excited*），並輕聲地哼唱：「我好興奮，而且根本藏不住……。」

微調臨場適合的情緒

當我開始為這本書進行採訪時，我發現自己對心理準備的看法太過簡單，我過於側重腎上腺素和激動覺醒。我以為做好心理準備，與按下開關按鍵類似。當從事比較需要活動力的事項，腎上腺素顯然愈多愈好，因此做心理準備就包括找到辦法打開開關，比如適當的音樂種類。至於從事其他比較平靜的活動，如鋼琴演奏會、射箭比賽、求職面試，激動之情則會轉化為緊張不安或心神不寧，因此臨場的心理準備主要就是設法關閉腎上腺素的開關。

根據可回溯到一個多世紀前的研究，實際情況更加微妙，而且似乎大多驗證了艾莉森・伍德・布魯克斯的論點，也就是**力求冷靜，對即將上場的當事人來說，未必是最好的對策**。

1908年，兩位哈佛心理學家羅伯特・葉基斯（Robert Yerkes）與約翰・杜德森（John Dodson）進行一組複雜的學習實驗，他們給一隻過動的老鼠施行電擊，然後觀察老鼠多久能學會穿過迷宮裝置。大體上，他們發現給予中度電擊，老鼠學得比較快，電擊太弱或太強則表現差。實驗並未涉及人類，用意也不是研究我們現在所說的臨場焦慮影響，而且比較近期的學術界人士也質疑他們的結論。不過，研究結果後來被稱為**葉杜二氏法則**（Yerkes-Dodson Law），在基礎心理學教科書依然占有一席之地。該法則描述焦慮（或壓力）與表現之間的曲線關係，**一般人表現最好的時候並非在完全冷靜時，也不是在十分緊張時，而是大約在中間**。

儘管這個概念是學術理論，但因為非常合情合理而大行其道。在超級盃擔任四分衛和在博士論文口試進行答辯，是完全不同的展示舞台，美式足球選手確實可能故意設法提高自己的激動程度，而爭取博士學位的人可能會設法壓抑緊張情緒。但每一種情況都有其極限，雖然說博士生不應全力追求完全的冷靜或徹底的放鬆，可是如果四分衛太過亢奮，也會做出拙劣的決定。一定程度的緊張能量有其好處，最理想的程度則因人、因事而異。做好心理準備，其實並不是如同按鍵開關一樣，反而更像音量旋鈕，理想的激動程度落在刻度盤的某個地方，所以有經驗的演出者會根據當時的情境，調升或調降音量，盡量找到平衡點。

雖然「葉杜二氏法則」依舊舉足輕重，但關於即將上場的當事人該如何控制激動情緒，更新的理論來自芬蘭運動心理學家尤里．漢寧（Yuri Hanin），最初是他在1970年代與芬蘭及俄羅斯跳水選手、體操選手、划船選手、游泳選手合作時所發想設計的。這些運動員的經驗有違「葉杜二氏法則」：許多人在極端高壓下表現優異，超出曲線模型所顯示的情況。漢寧還發現，壓力或焦慮並非他們唯一感受到的情緒；他們還感覺到快樂、悲傷、憤怒、恐懼以及無數其他情緒。因此，漢寧提出一個模型，稱為**個人最適功能區域**（Individualized Zones of Optimal Functioning，IZOF）。該模型認為，運動員在競賽前會感受到各種情緒，而最理想的情緒程度可能因運動員而有顯著差異，甚至個別運動員都可能因特定競賽的背景而變化。過去35年來，漢寧設法利用這個模型，幫助運動員回溯分析他們在好表現或壞表現之前所感受的情緒，然後針對他們希望在活動前感受的情緒，建立一套模式。然後運動員在登場之前的幾天、幾小時、幾分鐘，將努力提高或降低情緒，以便進入最適區域。

IZOF模型不像按鍵開關或音量旋鈕，而是更像錄音室混音台的東西，讓使用者可將不同情緒微調至各種不同程度，盡量找到最理想的組合。

運動心理學家還傳授另一個方法，幫助表演者在演出之前控制精力與激動情緒，稱為「專注核心」，這也是影山諾亞在茱莉亞學院課堂上所教授的方法。這個方法由羅伯特．

尼德費爾（Robert Nideffer）設計，尼德費爾1960年代初曾前往日本學習合氣道，對合氣道高手的冷靜與專注風範大為傾倒。他回到美國取得心理學博士學位，並在1970年代成為著名運動心理學家。在這期間，他設計一套方法，讓運動員在上場前鎮定下來。尼德費爾將這套方法傳授給門生，同時也是西點軍校畢業生兼前特種部隊成員唐．葛林（Don Greene），並由他推廣這套方法。

葛林為了撰寫博士論文，找上聖地牙哥的特警隊（SWAT）合作。在特警隊進行實彈訓練前，葛林讓一半的射手進行**「集中練習」**（centering exercise），另一半則什麼都不做。從事「集中練習」的射手表現明顯更好，比對照組更快掃清巷道並射中更多壞人（射中的好人也較少）。葛林後來讓奧運選手、華爾街交易員以及其他不同職業的人士使用這個方法。而他1999年在茱莉亞學院開設的課程，更改變影山諾亞的職業軌道。

集中練習7步驟

「集中練習」包含7個步驟，以下我將簡短描述（以下說明摘錄自葛林的書《戰勝自己的7項技能》〔*Fight Your Fear and Win*〕）。雖然這方法聽起來很像正念（mindfulness）或冥想，但至少有個關鍵差異：葛林堅稱，只要練習方法正確，就可在10秒鐘以內達到集中、專注的境界。

- **建立清楚的意圖**：藉由專注在單一目標來清除雜念，比如「我要說服這位客戶簽下合約」。不要胡扯，保持積極正面的目標。
- **挑出一個焦點**：將目光對準遠方一個不重要的點，之後想著朝那一點拋出多餘的精力、壓力與緊張不安。
- **專心呼吸**：閉上雙眼，用鼻子吸氣，嘴巴呼氣，每次呼吸都充分擴張腹部。
- **釋放肌肉的緊張壓力**：逐步放鬆肌肉，從頭部開始，往下來到身體，每次吸氣就檢查一個部位。
- **找到核心**：想像肚臍下2英吋、肚皮下2英吋的地方，那就是你的核心。專注在這一點，會讓你的思緒感到平靜。
- **重複你的自我提示**：也就是將會觸發你做出更接近目標的特定動作的一段詞語。對高爾夫球選手來說，可能是「保持揮桿流暢，節奏恰當」；對談判者來說，可能是「提問題，而且保持親切友善」。
- **引導能量**：對著步驟二找到的焦點，用力拋出多餘精力。

我看過更長版本的「集中練習」，似乎是光靠閱讀難以學會的方法；就像冥想、瑜伽或高爾夫揮桿，如果有真正懂的人親自教學，會比較容易學。

表面上看來，「集中練習」似乎和「冷靜下來」差不多。但如果真是如此，那似乎就背離艾莉森・伍德・布魯克斯的發現，也就是努力「冷靜下來」，可能會影響臨場表現。不過，有個說法可以解釋這種分歧：「集中練習」是一種達到冷靜的**系統性**方法，強迫使用者經歷特定步驟，由這些步驟占據心思，讓展示者的注意力從可能感受到的緊張焦躁轉移與分散。布魯克斯的受試者**努力**要冷靜下來，卻沒有實際工具可用，眼睜睜看著臨場表現惡化；唐・葛林的「集中練習」實踐者則完全清楚該**如何**調降體內的刻度，這就產生了差異。

根據書面的敘述，「集中練習」聽起來不像是可以改變人生的方法，但我曾聽到有人說，「集中練習」確實徹底改變了他們在正式表演前最後時刻的行為。葛林寫道：「找出核心背後的完整意義，就是感受腳踏實地、穩定生根的感覺，而且能控制自己的能量。」

災難試演

影山教授在茱莉亞學院的「提升音樂家演奏表現」課程倒數第二周，他讓學生為最後一堂課舉行的模擬試演做準備。根據教學大綱，這次評分將占最後成績的50%。

影山指示學生去三樓的排練空間，他們可以在那裡放鬆，並在進入表演教室前做最後的練習。他還指出，表演教室裡有屏風隔開音樂演奏人員和評審，讓表演者有種匿名不公開的感覺。用屏風隔離的試演，是許多音樂試演的常規；研究顯示，屏風有助評審只依據音樂評分，限制了因性別、種族或其他明顯可見的特徵而產生偏見之可能。他告訴學生，將有3位評審組成小組，替他們打分數，評審成員包括茱莉亞學院的教員以及紐約市立芭蕾舞團、大都會歌劇院、紐約愛樂管弦樂團的校外音樂家。接著，他讓每個學生在全班面前演奏自己安排的曲目。

一個星期後，學生來到這場模擬試演，但過程並沒有如影山保證的順利。事實上，幾乎他告訴他們的一切，最後都成了謊言。

學生沒有依照正常順序被叫到樓上演奏，而是隨機且無預警地被安排上場。影山不讓他們搭電梯，而是走樓梯，於是學生帶著大型樂器，滿身大汗、氣息微喘地到達排練室。

其實，說這個空間是排練室會容易引人誤會。中提琴手凱麗・史密斯（Caeli Smith）到達排練室後，聽到彷彿從牆面散發出令人毛骨悚然的響亮電波噪音。噪音來自調頻不良的調幅收音機，影山將頻道轉到西班牙語的棒球轉播，並調到高音量，再藏到家具後面。「我覺得好像身在鬼屋。」她說，

「那完全不是在正式表演前想聽到的，因為完全不利於達到平靜和專注。」

等到史密斯被叫進表演教室，她回憶道：「我感覺渾身冰冷黏膩，非常不舒服，沒有暖身準備，而且非常緊張。」

等到音樂生進入表演空間，卻發現沒有屏風。評審坐在一張桌子後面，整個場面一覽無遺，這和學生先前被引導的期待相去甚遠。每一次評審歡迎學生的方式，都是讀錯他們的名字或叫錯名字，製造一場混亂的開端。其中一位評審還拿著一包酥脆的香蕉脆片大聲咀嚼，另一位評審則是打開糖果包裝。在音樂生做好布置並就位前，一位評審大聲地說：「你想要什麼時候開始都可以。」然後**稍微停頓**。「你現在可以開始了。」然後**稍微停頓**。「我們準備好了。」換句話說，**趕快**。

有些學生在一開始演奏時又遇到問題。鋼琴家注意到有些琴鍵彈起來怪怪的（影山暗地裡在鋼琴裡面放了乒乓球）。一位評審的手機不時響起，有時甚至會接起電話。史密斯回憶，整體氣氛極度不專業，且令人容易分心。

當然，那正是這場試演的重點。

這場「災難試演」，是茱莉亞學院課程的傳統高潮，目的是測試學生是否學會了幫他們在應付傳統試演之外，還要處理最糟糕情境的方法。有時影山會請一位評審拿起威士忌酒瓶開始喝（裡面裝了冰茶），並裝出醉醺醺的樣子；有時他會放置擺動的風扇，在音樂生演奏時吹動樂譜。影山說：「評審被告知要表現得無禮、脾氣暴躁、粗魯、難搞。」他們大多都將這個角色扮演得非常好。

評審在評量學生的演奏之際，也會密切關注學生的應對表現。他們在正式開始之前的例行準備程序，是否受到評審的壓力干擾？他們顯露出疲憊、分心、挫折、生氣的樣子嗎？試演其實沒有占學期成績的一半，但評審確實給予優勝者表揚，評分的根據不單只有音樂才能。影山說：「我們盡量挑出一個看似最能面面俱到的人。」

找出不被周遭環境干擾的準備方式

這學期的優勝者，是以色列出身的鋼琴家托莫．葛維茲曼（Tomer Gewirtzman）。他坐下來演奏時，發現影山給鋼琴搭配的椅子會往前朝琴鍵傾斜，這種坐姿很難把琴彈好。雖然評審要他開始彈奏，葛維茲曼還是先停下來，掃視整個房間，拉走這把傾斜的椅子，再從房間另一端拖出一張較好的椅子。影山回憶：「他令評審印象深刻，因為他從容不迫，一點也不匆忙，而且在乒乓球開始製造噪音時，似乎也不感到慌亂。」

要是沒有學會影山教的方法，中提琴手史密斯不知道自己會怎樣處理那些混亂情況。在上這門課之前，她在試演前的最後時刻，做的事情和大多數音樂家一樣：一心想著演奏曲目中的技巧難題，瘋狂地重複演奏最困難的小節（通常也會一再跑化妝室，因為緊張焦躁會影響膀胱）。回想起來，她說重複彈奏棘手的小節，可能是表演前最沒有效益的事，因為你會擔心搞砸，而不是想像一場出色的演出。令史密斯有些震驚的是，她發現音樂教師花了那麼多時間幫助（音樂生）學生學習如何練習和表演，但這些教導卻從來沒有側重培養一套聰明且有效的正式上場前準備程序。

到了這學期期中時，史密斯已經融會貫通影山的方法，並徹底改造自己的表演前習慣程序。現在，她已經不在後台拉琴了，而是閉上雙眼，呼吸，做教授教她的「專注核心」練習。她說：「熟練精通之後，大約10秒鐘就能做到。」她重複幾個簡單的肯定宣言，重點不在成功，而是盡最大的努力（例子之一：「我將自由地探索這首樂曲所包含的可能性。」)。如果仔細重讀那份聲明，可能會注意到，她的重點放在「彈奏這首樂曲的機會」，而不是背負高風險或責任與義務。如此一來，她的肯定宣言，本身就是一種「再評估」。

然後，她會有意識地嘗試拔掉掌管語言和理性的左腦開關，插上掌管創意和直覺的右腦開關。她說：「我不希望腦子裡有語言和文字，我希望想著自己即將彈奏出的樂音。」

在表演教室裡很難這樣做，「評審一直說：『要是你準備好了，要是你準備好了。』」她回憶道，他們顯然企圖擾亂她。

但她依然給自己留了幾秒種，直到準備好了，才把琴弓放到琴弦上。後來，她很滿意自己的表現。「我確實非常緊張。排練室裡的收音機，真的讓我抓狂。」她說，「但是儘管有這麼多干擾，我還是能拿出我想要的表現。」

她將成功歸因於使用新發現的工具。她說：「我有自己的例行準備程序，而且在演奏之前就做好準備。」史密斯那種沉著冷靜的表現，是我們都嚮往的。

CHAPTER 2

為何你需要一個上場前儀式

——習慣和迷信，

真能增加成功機率？

史蒂芬・寇柏特（Stephen Colbert）接替大衛・賴特曼（David Letterman）在CBS電視台的《深夜秀》（*The Late Show*）節目主持棒之前，曾在喜劇中心（Comedy Central）頻道的節目上表演。

在登台前的漫長準備時光中，對他來說，**最重要的時刻是開幕前的那1小時**，這時他已經刮好鬍子、穿上造型師挑選的西裝。

寇柏特2014年在一個名為《石板》（*Slate*）的Podcast節目對主持人大衛・普洛茨（David Plotz）說：「讓自己進入節目的角色，是個間歇性的漫長過程，因為我不是整天都在那個角色裡，但我是全天候的撰稿人兼製作人。」穿上西裝，就代表著開啟那個轉變的重要時刻，而那也是寇柏特複雜的習慣程序系列的步驟之一。

寇柏特的正式上場前準備程序，有一些是在上電視前合理且必然的行為，像完成髮型和化妝，上廁所；但其他行為就不一定了，他說：「在化妝室裡有個小鈴，我喜歡按鈴的原因其實很複雜。那很像飯店櫃檯會有的服務鈴，我一按：叮！開始想像我是一個櫃檯服務生，然後我會跟自己說：『好的，祝您演出順利。』」之後寇柏特會等著製作人說：「為我們帶來一些歡笑吧。」接著，寇柏特會和後台所有工作人員碰手——不是擊掌，只是碰觸，且最後一位一定是讀稿機操作員。隨後他會從一盒BiC牌原子筆中拿出一枝筆，咬一下筆端，再把筆放回盒子（BiC已經不再生產這款筆，所以寇柏特的工作人員得從世界各地的文具店尋找，買下所有剩餘庫存）。再來，他會用力掌摑自己的臉兩下，再盯著劇場牆面的某個特定點，移開目光，再轉回去盯著看。在這一系列的準備程序做完之後，寇柏特才會緩緩走上舞台。

寇柏特的後台準備儀式異常地精細且複雜，但幾乎每位表演者都會執行某套步驟，以幫助自己降低焦慮感、增加信心，進入適當的表演心境。

2002年的紀錄片《美國喜劇之王》（*Comedian*）中段，有一幕是知名喜劇演員傑瑞・史菲德（Jerry Seinfeld）於節目開始前在後台的情況。儘管已經功成名就，但他卻明顯可見（而且意外地）緊張。我在一次訪談中，問起史菲德的後台例行準備程序。

「當你必須面對一大群觀眾，自然就會在上場前思考該如何做好心理準備。」史菲德說，「你走到3000位付了75美元或100美元的觀眾面前，他們坐在那裡就像在對你說：『我們希望現在就開懷大笑。』這是我走上舞台時，就能感受到的期盼。但喜劇演員就像運動員，都會有一些例行準備程序。我的準備程序就是看著小抄，直到表演前5分鐘……等節目製作人喊：『倒數5分鐘』，我就會穿上外套；當外套一上身，身體好像就知道『好啦，現在要去大展身手了』。然後我站上台，我喜歡在舞台上來回走動，大概就是這樣。這是我表演前的例行小程序，從來沒有改變過，彷彿上台5分鐘前穿上外套的動作就像是一種心理暗示，令我感到舒服與自在。」

為什麼史菲德一穿上外套，身體就會有反應？為什麼寇柏特上台前咬了一下BiC原子筆，就覺得自己表現會更好？他們都說不出個所以然來。從某方面來看，那其實不重要。

這些表演者只是**認為**，後台儀式有助讓他們表現得更好。關於儀式與迷信的研究，很快就發現這個奇怪但良性的循環，**相信這些事情（或許）能幫人們臨場表現得更好，即使沒有人真正知道究竟是為什麼**。

為什麼上場前的準備程序，會有幫助？

本章沒有范恩圖（Venn diagram）[1]，但如果試著在腦中建立一個范恩圖，或許有助思考3個相互關聯的概念：上**場前準備程序**、**儀式**以及**迷信行為**。

史菲德在表演前的所有行為以及寇柏特做的許多事項，都符合上場前準備程序的定義：**一連串與任務相關的系統性思考及動作**。

1. 為說明基本性邏輯關係，以閉合的區域表示集合的圖示法，以英國邏輯學家范恩（J. Venn）命名。

過去30年來，運動心理學家進行過數十項研究，探討運動員在競賽前會做些什麼，而這些研究的結論顯示：**通常始終如一地執行一套例行程序的人，比沒有任何例行程序的人，表現得更好。**

一些針對上場前準備程序的研究，是描述性研究[2]。舉例來說，有一項針對跳水運動員的研究，用碼表記錄跳水運動員跳下前，在跳水板上花了多長時間；結果發現運動員跳水之前，進行的準備動作時間愈長，通常成績愈好。

這些研究有的用了「干預」，教導不使用上場前準備程序的運動員，組合出一套準備動作，再將他們使用前後的成績和對照組做對比。在描述性研究中，「干預」通常顯示學會每次做同樣事情的運動員，成績更好。

「在上場前執行精心安排的準備程序，據信是極為重要的行為方法，可幫助運動選手取得好成績。」英國溫徹斯特大學（University of Winchester）運動心理學家史都華·柯特里爾（Stewart Cotterill）寫道，他曾針對保齡球、水球、射箭、橄欖球、標槍等不同運動的上場前準備程序的既有研究，進行後設分析研究[3]。傳統的看法是，上場前準備程序對

---

2. 用於描述所研究的人群或現象的特徵。它不回答有關特徵如何／何時／為什麼出現的問題。相反，它著重於解決了「什麼」問題。
3. 運用統計技術，探討具有相同研究主題的實證研究文獻，計算其效果值來分析這些研究結果可解釋與推論的程度，以作為進一步推論

於沒有防守方干擾的非競爭性活動，比如罰球（籃球）或推桿（高爾夫球）尤其有幫助，因為仰賴的是技巧，且著重在成功重複運動員已經練習幾千次的機械性動作。

問題是：**為什麼上場前的準備程序，會有幫助**？

這個問題沒有明確的答案。

柯特里爾引用其他研究人員提出的理論和假設：例行準備程序可幫助運動員集中注意力、減少分心，有利「觸發」他們練習的動作，有助於感到樂觀、精力充沛，並處於自信的心理狀態。

這些理論都有道理，但無從證明到底是什麼機制在起作用。正如柯特里爾寫的：「總括來說，還是不清楚例行準備程序究竟起了什麼作用，應該由哪些要素組成，或者最有效的教導方式是什麼。」

上場前準備程序的幫助，不只在體育運動層面上。作家兼外科醫師阿圖．葛文德（Atul Gawande）在其著作《清單革命》（*The Checklist Manifesto*）中，探討過這個議題。葛文德的靈感來自飛機機師，他們的訓練是以書面檢查清單來執行飛行前後、飛行期間的活動，萬一有緊急情況，可減少意外發生率；他也描述自己如何將臨場檢查清單引進手術室。他還記錄自己拿起手術刀前，按部就班遵循同一組步驟如何

或修正依據的一種量化分析法。

改善結果。

無論是奧運體育活動還是複雜的外科手術，上場前準備程序定義中的關鍵詞是：**任務相關性**（task related）。葛文德在正式進手術房前所做的一切，都牽涉到即將進行的「手術」；奧運跳水選手在跳水板上所做的一切，是讓他做好「跳水」這個實際任務的準備。

史蒂芬．寇柏特在表演喜劇節目前的例行準備程序，有些部分同樣也和主持電視節目有任務相關性，如化妝和穿上西裝。

但是寇柏特按下小鈴、咬筆蓋、掌摑自己的臉、盯著牆上的某一點，又是怎麼一回事？那些動作和任務並不相關，與上電視表演也沒有明顯關聯。

這些事項，或許當成一種**儀式**會比較恰當，也就是每次以同樣方式做的事。請注意，所有的上場前準備程序，都可稱為「儀式」，因為每次都以相同方式進行；但並非所有儀式都可稱為「例行準備程序」，因為儀式包含與任務不相關的動作。

頂尖職業運動員，也有自己的賽前儀式

美國職籃巨星勒布朗．詹姆斯（LeBron James）就有一

大套具任務相關性的上場前例行程序，包括暖身投籃、纏繃帶、冰敷雙腿，但他有另外一套複雜的賽前儀式，是隨著職業生涯逐漸演變而來的。2010年時，包括：在美國國歌唱完之後，用手指組成3—3—0的數字（他的家鄉俄亥俄州阿克倫鎮的區域碼），和14名隊友一一來個獨特的握手或碰拳，接著請裁判給他一顆比賽用球，以便在跳球之前輕輕地摩擦，最後將滑石粉灑向記錄台桌子旁的空中[4]。

現代棒球界最有儀式感的球員，可能是1980年代及1990年代擔任三壘手（大多是在紅襪隊）的韋德．波格斯（Wade Boggs）。他每次比賽前會吃雞肉，每次內野練習要接117顆滾地球，如果是夜間比賽的話就會在賽前傍晚5點17分準時做打擊練習；雖然他不是猶太人，但在走向本壘板打擊時，會在泥土地上刮出一個詞：chai，希伯來語的意思是「生命」。

運動儀式十分普遍，甚至現在的電動遊戲都容許玩家自己創造的選手，除了有客製化設計的身體特徵（包括身高、膚色、髮型），還能指定特定的賽前儀式。在我兒子最喜歡的電玩遊戲《NBA 2K16》中，現成的賽前儀式包括激勵觀眾的動作（如捶打胸膛），做出保齡球或棒球投手擺動手臂的準備動作，或是頭頂籃框支柱。

4. 不過詹姆斯後來停止了這個賽前習慣。

儀式的效用就跟上場前準備程序一樣，並沒有令人信服的科學解釋。一般人覺得儀式有鎮定或安撫作用。大部分人認為儀式可減輕焦慮感，只是不清楚為什麼；有些人認為儀式可在不確定的情況中，給人一種支配掌握或自我效能的感覺。

「穩定可靠的例行程序，會給人的心理能量養成一種習慣狀態，有助擊退情緒的支配。」知名部落格作家梅森．柯瑞（Mason Currey）寫道，他在《創作者的日常生活》（*Daily Rituals*）一書中蒐羅了偉大作家與思想家的每日作息清單。

第三種賽前行為是迷信，而儀式和迷信的界線十分模糊。「當特定行為被賦予特殊的神奇意義，例行程序就成了迷信。」心理學家斯圖亞特．維斯（Stuart Vyse）在《相信魔法》（*Believing in Magic*）一書中寫道。這本針對迷信的研究概論，讀來引人入勝。迷信的其他定義，大多強調迷信行為的不理性或缺乏邏輯，然而這些定義從未清楚標示出構成迷信的要素，許多解析似乎都放在信仰的意圖和深度。具體來說，做出迷信行為的人，更有可能抱持著深厚、幾乎是荒謬愚蠢的信仰——相信那些行為會影響或決定一場賽事或事件的結果，要是沒有執行迷信行為，成績或表現就會很糟糕。舉例來說，波格斯的奇特行為，明顯就是迷信，如同神經外科醫師馬克．麥克勞林給的藥物劑量偏好尾數為9，而不是採用整數一般。

迷信不只限於表演者或展示者本身。2013年，百威啤酒（Bud Light）推出一系列廣告，內容是喝啤酒的美式足球迷一面看著電視上的比賽，一面在史提夫・汪達（Stevie Wonder）的歌曲〈迷信〉（*Superstitious*）背景音樂下進行儀式：比出獨特手勢，赤足單腳站立，快速旋轉遙控器，輕拍隊旗。廣告最後則是一句標語：如果這樣沒用，才奇怪（It's only weird if it doesn't work.）。

當然，儀式和迷信也有缺點。若是推演到極端，神經兮兮地或過度死板地堅持儀式性行為，那可能是精神出狀況的跡象，比如強迫症（obsessive-compulsive disorder）。幸運物可能遺失或被偷，儀式和迷信也可能被對手當成一種取勝的花招，舉例來說，相互競爭的主場隊伍有時會改動賽場的時鐘，如此這一來波格斯就會錯過進行迷信活動的準確時間。

另一方面，有合理證據證明，**進行一套例行性的上場前舉動，不管是不是儀式、迷信，確實可促使臨場表現更好**。因此，思考哪些儀式可歸入自己的暖身例行程序時，別忘了百威啤酒廣告末尾那句睿智標語：如果這樣沒用，才奇怪。

幸運鞋

蘿倫・布拉克（Lauren Block）在紐約州立大學（State University of New York）阿爾巴尼分校念大學時，有一雙白色的耐克（Nike）紅勾運動鞋。她最初是在考試日穿這雙鞋，結果得到好成績，於是那雙鞋成了她的考試幸運鞋。

布拉克的室友跟她的腳一樣大，隨著兩人熟稔，開始穿起彼此的衣服。

當室友發現布拉克的耐克球鞋似乎能幫她爭取到好成績，便徵得布拉克同意，穿上那雙考試幸運鞋。「第一場考試她確實表現得很不錯，於是一種迷信誕生了，她開始所有考試都穿那雙鞋。」布拉克回憶道。

考試迷信，在大學生之中很普遍。有一項研究顯示，62%的人據說會使用幸運筆，或戴上特定首飾、穿特定衣服去應試；36%在考試前會碰觸幸運物；54%會盡量坐同一個座位應考；還有38%會在考試前反覆聽特定一首歌。當我還是大學生時，有一枝只用來考試的銀色高仕（Cross）筆，那是一位高中老師送的禮物，我還記得當我開始用那枝筆在答題紙上寫字時，那種感到平靜、自信的感覺。

布拉克的耐克幸運鞋之起源，提供了一扇讓人窺見大多數迷信的形成之窗。

學術界用**連續事件**（contiguous events）這個名詞，描述人類經歷正面事件時，會刻意觀察同時間還發生了什麼事。如果找到了其他事，通常就會認為看起來不相關的行為或物體，和正面結果之間有著神祕的關聯。他們觀察到的是「相關性」，卻認為其中有「因果關係」。

研究連續性驅動迷信中最有名的實驗，發生在1948年的哈佛大學，心理學家史金納（B. F. Skinner）將飢餓的鴿子放在一個有自動餵食裝置的籠子裡，每15秒會投遞一次小顆飼料。在2次餵食的間隔，鴿子大多會按照規律四處走動，或是頭部有特殊動作。史金納注意到，在食物出現的那一刻，無論鴿子在做什麼動作或行為，似乎對牠們都有特殊意義，而且牠們會重複表現。「鴿子很快就開始繞著空間舞動，彷彿是牠們的動作，導致餵食器運作。」斯圖亞特・維斯寫道。

同樣的現象也出現在代數考試輕鬆得高分的那一天，你用的筆或穿的鞋：按照邏輯，筆和鞋子跟正面結果並沒有關係，但連續性卻讓你相信彼此有關，於是你突然就有了一枝幸運筆或一雙幸運鞋。

迷信大致可分為兩類：一類涉及**行為動作**（像是鴿子的頭部動作），一類涉及**物品**（像是運動鞋或筆）。至少有一些證據證明，每一類都能幫助提升臨場成績表現。

2010年有一項研究，德國科隆大學（University of Cologne）的3名研究人員進行若干實驗，想看看激發迷信對受試者在運動技能測試的表現有什麼影響。其中一項實驗要求51位女學生玩一個遊戲，將一塊板子傾斜舉高，好讓36顆不固定的球，各自落在板上的36個洞。遊戲開始前，研究人員告訴幾個女孩：「我會為你按大拇指。」這句話在德語的大意是說：「我為你祈禱。」接受祈禱的這組，任務進行速度比對照組快許多。

幸運物也能幫助提升表現。那雙耐克幸運鞋的主人蘿倫・布拉克，如今是紐約市立大學教授，她和一名同事進行一系列實驗，探索使用其他學生的舊參考書準備考試，會有怎麼樣的表現。布拉克在實驗中列出前任使用者的考試成績或平均分數（GPA），如此一來使用參考書的人就能得知，前任使用者的表現究竟是好還是壞。這項研究特地觀察**正面感染**（positive contagion）的影響，這個概念認為，**人的本質會因接觸的實質物體而被影響**。結果：使用高表現者用過的參考書，通常表現會比其他人好。研究人員寫道：「具體的能力可透過感染轉移，並藉由改變成績預期心理和信心，影響實際表現。」他們指出，聰明的管理者可利用這個發現，作為工作上的績效輔助，比如將外人眼中異常聰明或有創意的人曾使用過的物品（例如筆或電腦）分發給眾人。

但布拉克也提出警告，這並非人人適用，她發現通常仰賴信心與直覺高於邏輯思考的人，較容易受到感染。

究竟哪種類型的人更加迷信，這問題其實已經探討多年。

一般來說，女性比男性迷信；受正規教育較少及智商較低的人，比學歷高或高智商的人迷信；無宗教信仰的人比信仰虔誠的人迷信。某些職業也表現出較高的迷信程度，包括運動員、演員、賭徒、礦工、船員。

永遠不會有50美元

查德・諾斯（Chad Knaus）堅稱自己並不迷信，他將自己擔任納斯卡（NASCAR）賽車隊隊長的成就歸因於單一因素：他很敬業。通常一般賽車迷會同意這樣的評價。

諾斯自2002年以來，就帶領一群技工加修理站成員總共100人的團隊，建造、支援、修理賽車手吉米・強生（Jimmie Johnson）所駕駛的48號勞氏雪佛蘭（No. 48 Lowe's Chevrolet）車款，組成賽車運動史上最成功的競賽團隊之一。在這期間，45歲的諾斯因一周工作90小時而頗負盛名。新聞報導稱他是工作狂，兢兢業業，心無旁騖。諾斯在2015年和佛蒙特小姐結婚之前，有過很多段戀情，而每段關係結束的原因，都是因為他無法放下工作，挪出時間談戀愛。

諾斯談論到如何管理一支納斯卡車隊的複雜運作時，指出他在工作日的工時向來超過12小時，因為他會花好幾個小時觀看先前比賽的影片，找出左右賽事的因素和模式。他會跟你說起車隊的統計作業，以及他們如何利用大數據，找出進修理站加油和換輪胎的最佳時機。

所以他不相信迷信、因果報應、好運？他聳聳肩：「沒那麼信。」他說，「我是『幸運是充分準備遇上的機會。』這句話的信徒。」

但如果在這支車隊位於北卡羅來納州夏洛特、占地100英畝的場地待上一段時間後，就會發現諾斯重視的一些奇特模式，有些和賽車事業沒有明顯關係。

比方說，諾斯在他的辦公室放了一個盆栽。他在2005年的納斯卡賽車季期間收到第一個盆栽禮物，那年是他和強生合作的第四年，強生那時還不曾贏得納斯卡的斯普林特盃（Sprint Cup）季賽冠軍。同一年，強生在角逐第一時遇上旗鼓相當的對手，諾斯因而對工作廢寢忘食，竟忘了給盆栽澆水，結果盆栽死了。大約在那同時，強生有一場比賽表現不佳，被擠出競爭行列。

於是諾斯的盆栽枯死和強生沒能贏得冠軍，在諾斯的心中產生一道連結，成了連續事件。

不久後，諾斯的助理幫他買了新盆栽換上。自從將沒有善待盆栽和眼睜睜看著賽車團隊失敗之間，建立起一道鬆散的心理連結後，諾斯開始在納斯卡長達10個月的艱苦賽季期間執行一套新的儀式，種種行為都是為了預防再次發生盆栽死亡的厄運。每星期四下午登上私人飛機前往周末的比賽之前，諾斯會花幾分鐘照料盆栽——他幫盆栽澆水，小心翼翼地修剪枯葉，且為表示對枯葉的尊重，還將葉子帶到辦公室外，讓它們回歸大地。「我給它一點愛與情感。」諾斯說。這個儀式是迷信的，但也有一種無心插柳柳成蔭的效用——

在超級忙碌又有最後期限追趕的工作日，它迫使諾斯暫停下來安靜沉思，在匆忙趕著準時抵達機場之前得以喘息。

自從諾斯替換盆栽，而且更仔細照顧，吉米·強生已經贏得7座納斯卡冠軍，2006年到2010年更是連續5年奪冠。如果這樣沒用，才奇怪。

諾斯在伊利諾州長大，從小就在父親的賽車隊裡擔任工作人員，他說自己成長的環境並不會專注在儀式或求好運的行為。但是他的觀點在19歲時變了，當時他搬到北卡羅來納州，開始在納斯卡的賽車隊裡全職工作。「我到了南方，才開始迷信。」諾斯說。比方說，他在夏洛特遇到的賽車隊伍一致認為50美元鈔票是不吉利的，因此車隊財務經理去銀行取款後，派發車隊的每周比賽薪資時，現金全是10美元、20美元或100美元鈔票，永遠不會有50美元，而大家都覺得這樣十分正常。

「噢，沒錯，我想我還有一個迷信。」諾斯不好意思地說。每周四清晨離家上班前（而且知道得等星期天晚上比賽結束才回家），他會給一座落地老爺鐘手動上發條，那是他在很久以前的一場納斯卡比賽贏得的獎品。「星期天晚上回到家，如果我們的比賽成績很差，我就會看著時鐘，」他說，「要是鐘沒有擺動而且沒有上發條，我會忍不住想：『好吧，我猜那就是原因……。』」

雖然諾斯有個人的每周迷信行為，但他也會參與已成為車隊生活一部分的集體儀式。例如，每年2月賽車建造完成、複查、準備就緒，要送上拖車送到開季賽的比賽場地戴通納五〇〇（Daytona 500）時，團隊成員會一齊動手替車子打蠟。說得更清楚具體一點，在我採訪時，諾斯住在一幢價值將近300萬美元的房子，工作日的時間大多花在開會和收發電子郵件，他承認多年沒有用過扳手了，因此替車子打蠟是遠低於他的薪資等級的工作。但是打蠟的儀式是凝聚團隊的重要時刻，也說明所有團隊成員，無論是什麼地位或職務，都會悉心照料與他們生計和成就息息相關的車子。打完蠟後，他們會拿起贊助商勞氏製造的工具：考伯特（Kobalt）鐵鎚的巨大保麗龍複製品，在車子送上拖車時放到車蓋上。「這代表這輛車已經準備好進入賽車跑道了。」諾斯說。

比賽結束後也還有儀式。假如強生或韓特力車隊（Hendrick Motorsports）另外3名賽車手之一於星期天贏得比賽，隔天早晨就會將一個底盤裝著輪子的大型自由鐘複製品，推著繞行公司園區，每個員工會輪流敲鐘，慶祝勝利。

星期天午後都被束縛在駕駛座上的強生，對車隊的幸運儀式沒有太多想法。

強生在贏得一場大賽的幾天後對我說：「我們喜歡開玩笑地說，我們不確定是不是迷信，但我們喜歡力求萬無一失。」比方說，強生承認一直會留意地面，尋找幸運錢幣，只要找到的話他就會撿起來黏到賽車儀表板上。

強生說：「我在生涯的不同時期，感覺到迷信或許有幫助，那完全是一種推動心態、心智與大腦的巨大力量，而現代醫學才剛開始發現這種促成積極態度的效應。」

個別儀式有效，還是集體儀式更有效？

諾斯這一套賽前舉動，也帶出一個重要問題。有些賽前儀式是他一人做的，比如修剪盆栽，那是一個人能獨自進行的儀式。其他像是替車打蠟、敲鐘等行動，則是集體進行。

那麼對於參與團體表現的人，究竟是個別儀式有效，還是集體儀式更有效？

幾年前，哈佛商學院教授麥克・諾頓（Michael Norton）和幾名同事嘗試回答這個問題。他們先召集221個人，並給他們一個奇怪的任務：他們必須組成2至4人的小組，繞著校園跑，在特定地點前完成團體自拍。給他們的時間剛剛好是45分鐘，而只要回到集合地點的時間每晚1分鐘，就會扣分。完成在最多地點自拍的小組，將贏得現金獎。

不過，在這個自拍尋寶遊戲開始前，其中幾組還得做一件重要的事。他們被要求圍成一圈，進行一連串拍手打節拍和跺腳的動作，接著手插腰大喊：「出發」，整個程序進行3次，每一次的速度都加快一點。

其他組別則不執行任何儀式，只是被告知要花幾分鐘默讀一篇文章。

等到尋寶遊戲完成，結果顯示執行尋寶前儀式的小組，在好幾個方面的表現都較好。平均來說，他們成功完成自拍的地點更多，錯過45分鐘最後期限的機率不到一半。遊戲後的調查也顯示，做了拍手儀式的小組，比默讀文章的小組更喜歡彼此。

諾頓和同事的其他實驗找了數百人從事團體創意活動，比如進行腦力激盪，看他們可幫一件物品想出多少用途。在這些測試中，每人都必須執行一個奇怪儀式，包括擲骰子和以一定的規律揮舞手臂。

有些人單獨坐在一個小隔間裡，獨自執行儀式；有的人則是和團體一起。結果顯示，集體擲骰子和揮舞動作能增進團隊創造力，而且讓成員更喜歡彼此。研究人員還注意到，進行儀式的小組更有可能做出實驗沒有指派的事，比如起個隊名，或在事後安排小組聚餐。

諾頓在普林斯頓大學取得心理學博士學位，如今在哈佛大學行銷系擔任教授，他當初開始對儀式感到興趣，是因為讀了前哈佛大學校長德魯・福斯特（Drew Faust）2008年的著作《苦難共和國》（*This Republic of Suffering*）。這本書記錄了美國如何應對短短4年在戰場失去2%的人口——超過

60萬的男人。戰爭改變了大家對死亡的說法和想法，以及哀悼悲傷的方式。

「人類面對死亡問題的方式，真正打動我的其中一件事是儀式，尤其是南方的著裝儀式。」諾頓說。根據這個逐漸演變形成的體系，哀悼者會在特定一段時間穿著黑衣服，然後是灰色衣服，之後則是帶一點淡紫色的衣服。衣服的漸進變化似乎有多重用意，提供哀悼者一個度過悲傷的準則和時間表，也給那些接觸哀悼者的人一個視覺提示，了解悲痛欲絕的人在走出摯愛之人死亡的旅程，究竟走到了哪一步。

這個體系似乎很合理，但身為心理學系學生，諾頓開始問自己，這究竟有什麼情緒上的用途？儀式真能讓人感覺好過一些嗎？如果是，那又是如何做到的，以及為什麼？它們只會影響我們的情緒，還是藉由影響我們的情緒，進而影響我們做事的方式？諾頓翻閱大量有關儀式的現有文獻，多數由人類學家所寫。很多研究涉及原始部落族群，文獻中有諸多鮮明且生動的敘述性內容，卻沒有實驗性質的文章，也沒有企圖證明或了解因果關係的內容。接下來幾年，他和一些同事致力填補這個空白。

除了集體儀式的論文，諾頓還共同撰寫3篇有關儀式的研究。

有一項是研究儀式對消費的影響，他要求受試者在吃巧克力、胡蘿蔔以及喝檸檬水之前，進行各種舉動：複雜的拆包裝動作、敲桌子、深呼吸、閉上眼睛。這些研究顯示，儀式提高了投入程度，因而提升一般人的消費經驗（這也是為什麼餐廳上酒時，會做些花俏的開瓶和品酒程序）。第二項研究則檢視碰到人際關係的結束、死亡或金錢損失，儀式對一般人的感覺有何影響。他們發現，當人在碰到損失之後，儀式可讓人感覺好受一點，即使那些人宣稱並不怎麼相信儀式。

諾頓還與本書第1章提及進行「再評估」研究的哈佛同事艾莉森·伍德·布魯克斯合作，研究儀式如何影響臨場焦慮感。他們重複布魯克斯在博士論文使用的方法學，讓受試者在1名研究人員面前用Wii的卡拉OK電玩遊戲，唱旅行者樂團的歌曲：〈不停相信〉。不過在這之前，半數受試者被告知要進行某項儀式，指令是這樣的：「將你此刻的感覺畫成1幅畫。在畫上灑鹽，大聲數到5。再把畫紙捏皺，然後將畫紙扔進垃圾堆。」完成這項儀式的歌唱者明顯唱得比較好，且表示演唱時比較不會焦慮。在後續實驗中，他們發現進行儀式的歌唱者，身體顯露的焦慮跡象較少（以心跳衡量）；儀式也有助數學考試取得更好成績。比起告訴受試者做的動作只是「隨機的手勢」，只要告訴他們正在進行的是一種「儀式」，他們的表現就會更好。

諾頓解釋道：「儀式似乎有某種力量，能夠降低焦慮感，並且讓你表現得好一些。」

這些實驗提供證據，證明儀式可促成更好的臨場表現，卻沒有解釋為什麼。

諾頓回想這些研究時，特別是牽涉到焦慮感的研究，他將重點放在儀式中轉移注意力的成分。「或許儀式之所以有用，並不是因為它們有神奇魔力，而是它們正好比我們平常在做的事要好。」諾頓說。如果說我們平常做的事就是擔心，那麼諾頓的說法就特別有道理，而在大型表演前，擔心和焦慮是相當普遍的情況。

集體儀式，有助建立團隊情誼

根據工會規定，不得要求百老匯戲劇演員在演出前，提早超過30分鐘到達劇場。

不過，北愛爾蘭貝爾法斯特出身的女演員蘿拉・唐納利（Laura Donnelly）則喜歡在簾幕升起前的幾個小時就出現。她需要時間擺脫曼哈頓街道的嘈雜喧囂。她會在劇場悠閒地吃一份外帶晚餐，然後脫下鞋子，穿上運動服，做瑜伽。她繞著後台又跑又跳，讓肌肉柔軟放鬆。接下來是一連串的發聲練習，然後去化妝室上妝換戲服，沉靜思考當晚要演出的角色。

「任何一齣戲開演前，我都是用同樣方式暖身，我有自己的一套固定準備程序。」唐納利說，她最知名的演出是在電視劇集《古戰場傳奇》(*Outlander*)及《是誰在造神?》(*The Program*)等電影扮演的角色。她在多年前從戲劇學校學來這套習慣程序之後,就沒有太多變動。

但是2014年秋天,唐納利與影星休·傑克曼(Hugh Jackman)一起在百老匯音樂劇《大河》(*The River*)演出,卻被迫扔掉長久以來的上場前準備程序,改做其他事。

每一次日場和夜場表演之前,劇目導演會請3名演員、舞台經理以及1、2個其他重要後台人員在劇場大廳圍成圓圈。

每天晚上,這群人會商定主題,有時是與戲劇相關的某些事物,更常見的情況是隨機挑選,比如1種樹、1種性交姿勢或是1個漫畫人物。接著其中1名演員會拿出1顆美式足球,大聲叫出符合主題的例子(如藍色小精靈!),然後將足球丟給圓圈正對面的人,對方可能會接著大聲說出她的例子(如超人!),接著又將足球往下丟。等到這群人都接球和丟球幾輪後,再選出第二個主題,但這次在大聲喊出第二組詞後,改成拿1顆網球互丟。

通常圓圈會隨著這群人在大廳移動而解體,因為丟球的時間愈久,要確定目標位置的壓力就愈大。「愈來愈暈頭轉向,就是這個遊戲的魔力。」唐納利說,「我們通常到最後都是倒地大笑。」

大約丟球10分鐘之後,小組會重新組成圓圈,有節奏地拍手並開始故事接龍，由每個人貢獻2個音節，再由下一個人接續半連貫的故事情節。

劇目導演最初告訴唐納利，希望她將丟球納入自己的演出前例行準備，取代一部分的平常個人演練，她記得當時有些惱怒：「我感覺好像被拿走了控制自己暖身準備的能力。」不過時間一久，她的看法卻出現改變。「我開始體悟到，這遠比我的個人暖身準備更有幫助。」她說。唐納利回想許多其他戲劇演出，都是由演員單獨暖身，但她發現舞台上和自己對話的演員，在簾幕升起前甚至沒有時間彼此說聲「哈囉」。

集體儀式對重新建立關係來說是非常好的方式，給我們一種同為一體的感覺，讓我們擁有真正的志同道合的感覺。」唐納利說，「那是我之後會非常樂意和劇團夥伴們一起做的事。」

湯姆·漢克斯熱愛的「小型狂歡行動」

劇目導演伊恩·瑞克森（Ian Rickson）從未聽過麥克·諾頓，也沒聽說過他的哈佛研究。但是伊恩在倫敦和紐約指揮戲劇演出超過20載，深知集體儀式可帶來很大的影響。

「演員就像運動員，他們需要的嚴酷要求和照護，就跟短跑好手『牙買加閃電』尤賽恩·博爾特（Usain Bolt）跑

100公尺之前一樣。他們需要自己進入表演的跑道。」他說，「以我的經驗，真正投入儀式且覺得有趣的演員，確實會在表演前貫徹他們的暖身準備。」儘管許多演員偏好個人的上場前準備程序，但瑞克森通常鼓勵他們創造集體進行的新儀式。「不同劇目需要不同跑道，我喜歡根據節目和演員來量身打造。」他說。

有些演員和唐納利一樣，一開始會抗拒。近來做瑜伽和聆聽iPhone上的客製化音樂播放清單，成了後台盛行的常態。

「常規就是表演前的1小時是演員的時間，演員可以說：『我想做我自己的事。』」瑞克森說，「但我喜歡營造參與感，而且我熱切地想要創造某種產生連結的儀式，以建立大家對彼此的信任。」

雖然眾所周知瑞克森投入非比尋常的精力與創意，創造以集體為主的演出前例行準備動作，但後台儀式是百老匯生活的一部分。有一些純粹是迷信，重點在於創造或維持好運。

演員和工作人員都知道，絕對不能在靠近舞台的地方吹口哨，或者提到《馬克白》（*Macbeth*）這齣戲（向來都是模糊地以「蘇格蘭戲劇」指代），因為他們認為這兩種行為都會帶來厄運。

最複雜的演出前儀式可追溯至1950年代，主要焦點是一件稱為吉普賽長袍（Gypsy Robe）的服裝。

在百老匯新音樂劇首演當晚，全體演員和工作人員在台上集合，前一齣音樂劇的資深舞者會帶來一件由各種布拼湊而成，像百衲被一樣的長袍，每一齣百老匯音樂劇都在這件長袍縫上屬於自己的一小塊布料。在講述過長袍的歷史後，前一齣百老匯劇目的代表，會將長袍放在今晚演出節目最資深的劇組成員肩上。新穿上長袍的劇組成員，會以逆時針方向繞著演員走上3圈，經過每個人時都會碰觸一下對方。等到集會解散後，這位劇組成員就帶著長袍，到每位表演者的化妝室裡走一圈。

演出前儀式，經常是為每周演出8次，艱苦勞累且有時是單調乏味的枯燥生活帶來一些變化。「在長期連續上演的百老匯劇目，儀式肯定是一種從起點到終點的經歷。」擔任舞台經理超過30年的麥可．帕薩羅（Michael Passaro）說，「特地從劇場後門進入，拿起化妝室的鑰匙，在後台布告板簽到，然後進入各自的例行準備程序。劇組成員們會做任何可幫助自己在正式節目開始前保持專注的事，然後上台後他們的表現就會更好。」他說。

2013年由知名製片諾拉．伊佛朗（Nora Ephron）製作，湯姆．漢克斯（Tom Hanks）在百老匯的處女秀《幸運兒》（*Lucky Guy*）上演期間，漢克斯在每次節目開始前半個小時，會帶領全體演員進行《紐約時報》形容的「小型狂歡行動」。全體演員演奏卡祖笛、口琴、鴨子口哨，同時釋放氦氣氣球，等氣球碰到天窗，嘈雜聲立刻停止。隨著開演時間接近，全體演員會一起踏著可笑的步法，並吟誦粗鄙的曲子。每晚同一時間，漢克斯會聲嘶力竭地吼出歌手琳達・朗絲黛（Linda Ronstadt）的歌曲：〈你一無可取〉（*You're No Good*）。漢克斯告訴《紐約時報》，「那是每次節目開演前57件必做的事情之一。」

在仔細回想為《大河》所創造的暖身例行動作時，瑞克森自問一個就表演前儀式來說相當關鍵的問題：「做這些事情，真的有用嗎？」

他回答：「從導演的觀點來看，確實有。當你讓美式足球員、詩人、音樂家或這裡的演員，以一種動態方式徹底進入當下的情境，並與同儕建立起連結，就真的會發生一些特別的事。然後他們就會表現得如同偉大運動選手或偉大演說家一樣地出色。」

評論家贊同這個觀點。《紐約時報》劇評家班・布蘭特利（Ben Brantley）在評論《大河》時，指出「休・傑克曼充滿自信的演出，將傑出舞台劇演員的層級，提升到一個新高度。加上瑞克森細心又精煉的執導，這齣戲保證會讓你目不轉睛。」

名人加持，真能提升臨場表現？

我最喜歡的迷信研究調查之一，是由心理學者莎莉・林克諾格（Sally Linkenauger）帶領的團隊所進行的研究。研究人員召集41名能力相當、慣用右手的高爾夫球選手，要求他們在人造草皮的果嶺上，以2公尺的距離推桿10次。這些高爾夫球選手和本章提及的大多數實驗一樣，也是分成2組。

當研究人員每次將擊球用的昂貴推桿交給嘗試推桿的人時，有一半的受試者會被告知，該球桿原先是美國職業高爾夫球協會（PGA）知名球星班・柯提斯（Ben Curtis）擁有的（研究人員在這件事上說謊，柯提斯根本不曾擁有這支球桿），其他人則沒有被告知球桿的出處。每位高爾夫球選手在推桿之前，被要求用畫圖的方式評估球洞大小，再進行那10次推桿。

結果顯示，以為自己使用知名球星球桿的人，評估的球洞大了9%（顯示擊球看似較容易），且推球入洞的比率較對照組高出32%。

讀過這個研究後，我為《哈佛商業評論》的一個單元「捍衛你的研究」（Defend Your Research）採訪林克諾格，訪問時我們算是以問答方式，提到一些似乎有違常識的學者研究。

那一篇文章的標題是：「如果你以為老虎・伍茲（Tiger Woods）跟你曾用過同一根球桿，你的高爾夫球會打得更好。」

林克諾格在訪談時，將這樣的結果歸因於「正面感染」。她說：「這是一般人重視親筆簽名的部分原因。名人碰觸過或簽名的紙張，會使人感覺非常親密，彷彿這個人將自己的一小部分給了你。」名人加持過的物品，價值比較貴重早已不是新聞，但這是第一次有研究提出，一個物品背後的名人要素，或許對提升一個人的臨場表現是真的有幫助。

我又追問一個簡單的問題：「如果我用麥爾坎．葛拉威爾的筆記型電腦寫一篇文章，會明顯地提升文章品質嗎？」

林克諾格說她的團隊也曾辯論過類似問題，比如使用愛因斯坦擁有過的筆，或許能幫數學考試取得更高分數。他們的研究顯示有這個可能，或許是因為名人用過的器具，會促使人們起心仿效知名人士的成就。她總結道：「如果那會讓你更有信心或動力，就會幫助你表現得更好。」

在準備寫這本書時，我一直回頭想這個問題：如果我用麥爾坎．葛拉威爾的筆記型電腦寫作，我會寫得比較好嗎？

多年前在葛拉威爾成為出版界名人之前，我和他曾在曼哈頓同一幢辦公大廈為不同刊物擔任記者。我們遇到過幾次，他的辦公室有一台彭博終端機（Bloomberg Terminal）[5]，

5. 金融數據供應商彭博資訊公司推出的一套計算機軟體，向金融領域

我的辦公室沒有，所以我常常過去使用。

於是，我發了一封電子郵件給葛拉威爾，重新向他自我介紹，並提出一個提議：我會送他一個全新的鍵盤，他能不能用那個鍵盤寫作3個月，然後還給我？我解釋說，我希望用他使用過的鍵盤來寫書，測試一下「正面感染」是否真的有影響。

他在幾小時後回覆：「哈！太好笑了。」他指明需要一個蘋果電腦鍵盤，然後把寄件地址發給我。

隔天，我寄給他一個新的白色蘋果電腦鍵盤，還有幾枝簽字筆和一張便利貼，慫恿他在鍵盤上簽名、裝飾或做其他記號，以此表示他使用過。

幾個月後，我去信確認。「有！我一直在用！」他回答，「你需要拿回去的時候，再提醒我一下。」我跟他說請他再使用一個月左右。一個月後，我急著要開始寫作，於是請他寄回，但他沒有回覆。我再詢問一次，還是沒有回覆，我又再問。

過了好多天，我開始擔心葛拉威爾是不是在騙我，也許他只是想要一個免費鍵盤，根本沒打算歸還。

一星期後，我在收件匣看到他的名字。「很抱歉一直沒

的專業人士提供「彭博專業服務」以獲取實時金融市場數據和相關分析服務，同時能透過電子交易平台展開交易。

有聯絡！我出門採訪了3個星期，一直沒有收電子郵件。我星期二就會回來，然後會盡快寄回鍵盤。我一直有在用，希望轉移了一些神奇魔力！」

鍵盤在幾天後送達。葛拉威爾沒有拿簽字筆簽名或做記號，所以除了電子郵件上的對話，並沒有證據證明他真的用過。

一位看著我打開包裹的同事，忍不住說風涼話：「你**以為**他會用它寫下一本書，但如果他只是拿它寫一些像臉書貼文之類的無聊事呢？」

接下來的幾個月，我到哪裡都帶著這個蘋果鍵盤，但只在處理這本書時使用。老實說，很痛苦。因為平常工作時，我大多是使用一個特殊的人體工學鍵盤，以免罹患重複施力傷害[6]；相較之下，寄給葛拉威爾用的這個鍵盤，我既不熟悉、用起來也不舒服。這樣來來去去地移動終歸要付出代價：短短幾個月後，一顆按鍵掉了下來。

不過，知道手指正在敲打的按鍵，也是寫出《異數》和《引爆趨勢》（*The Tipping Point*）的手指敲打過的按鍵，心裡還是會有一些小激動。

這有替我增加一點信心嗎？有的！這本書肯定不是自己

6. Repetitive Stress Injury，RSI。指因長時間維持固定姿勢、重複相同動作，使肌肉與關節無法休息，進而導致執行動作的肌腱、關節發炎。患者通常為上班族、進行重複動作的勞力工作者與運動員。

無中生有冒出來的，而且我要搶在任何書評家之前，先說出這句非常直接的評語：是的，我知道，我絕對無法成為麥爾坎・葛拉威爾。

但是當我坐在位置上用葛拉威爾使用過的鍵盤打字，忍不住會想到他肯定也有過為了用字遣詞搜腸刮肚、絞盡腦汁的時刻。

在我遺失高仕考試幸運筆數十年後，我很高興有了一個幸運鍵盤，讓我可以期盼得到一些幫助。這或許有點奇怪，但對我來說，真的有用。

CHAPTER 3

別只是
為了誰而贏

——慷慨激昂的精神喊話，

總是有效嗎？

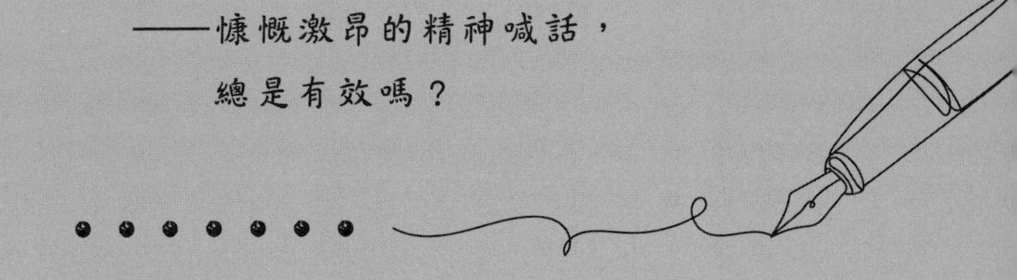

2005年，一個朋友邀請艾瑞卡·加洛·阿利奧托（Erica Galos Alioto）參加一家網路新創公司Yelp的成立派對。她正好需要一個晚上出門散散心。從加州大學柏克萊分校（UC Berkeley）法學院畢業後，阿利奧托在一家大型商業法律事務所上班，但這個工作非常單調無聊。「努力熬過這一天，你可以的。」她每天早上這樣為自己打氣，讓自己做好心理準備，迎接難以忍受的工作。

Yelp那時剛推出一個網站，消費者可以在網站上貼出對商家的評論。阿利奧托很喜歡那場派對，後來也開始在Yelp上寫評論。她寫了很多，很快就以「傑出」評論員的身分獲邀參加派對。她用Yelp的次數愈多，就愈喜歡它。

2005年底時，她打電話給Yelp，問該公司是否需要法律協助。該公司規模還沒有大到需要在內部設置法務人員，但確實需要業務員，於是詢問她有興趣嗎？

於是，阿利奧托成了Yelp的首批15名員工之一。

她靠著不斷嘗試錯誤，學會了一些銷售技巧。她打電話給當地企業，努力說服對方付錢在網站買廣告。完成銷售是一種挑戰，因為她打電話過去的對象，幾乎沒有一家聽過Yelp。

但是健談又精力旺盛的阿利奧托，做起這份新工作卻顯得游刃有餘，很快地就被晉升為銷售經理，然後再次晉升，然後又獲得升遷。

將近10年後的8月最後一個星期五，阿利奧托在曼哈頓一家飯店的房間醒來。她穿上一條裝飾著閃閃發亮的圓形小金屬片、奪人目光的褲子，這是她只在LDOM穿的幸運裝。LDOM對於Yelp來說，代表「本月最後一天」（Last Day of the Month）。早餐後，她戴上耳機，大聲唱著墮落體制（System of a Down）樂團的歌曲〈雜碎〉（*Chop Suey!*），然後前往Yelp的紐約辦事處。

39歲的阿利奧托如今是Yelp的區域業務資深副總裁。上午9點之前，她站在大禮堂正前方，往前看過去是650名業務代表，他們大多二十多歲，身穿夏季便裝。這些人只是阿利奧托麾下1750位業務代表的一部分，她帶領的單位承擔了Yelp超過80%的新營收。

她拿起麥克風，她的目標很簡單：讓這些業務員熱情高漲，以在當天會計部門結算該月的帳款之前，盡量賣出最多的廣告。

發表一場鼓舞人心、振奮精神、建立信心的精神喊話（pep talk），是高階業務主管的基本責任，在《大亨遊戲》（*Glengarry Glen Ross*）及《華爾街之狼》（*The Wolf of Wall Street*）等電影，都特地安排一段誇張劇情呈現。而這也是阿利奧托試圖努力做到盡善盡美的任務。

「哇，我真是太驚訝了。我驚訝的是，這個團隊竟然變得如此壯大。」她開始說，「我幾個月前才到這裡，感覺好像你們是以瘋狂的速度倍增。」事實上，這個辦事處每月增加90名新業務員。

她讚美這個團隊是8月至今，Yelp生產力頂尖的業務辦事處。她一一點名該辦事處中績效突出的人。

她講了20分鐘，核心要義就是給這一天設定具體目標，並解釋自己制定的方針：「成功，等於心態加態度加天賦。」大廳裡所有人都有成功的天賦，如果沒有，不可能通過Yelp的招聘考驗。因此，她建議他們轉換成適當的心態與態度。她說故事、問問題，指導眾人用便利貼寫下當天的目標，貼在電腦上。

然後她提高音量，敦促大家為LDOM打起精神，Yelp的人在這一天完成的交易，通常是平常日的2至4倍。

「LDOM的重點不在於這個月的那一天，而是我們如何看待那一天。」她說，「那一天有些東西讓我們的毅力和決心大得出奇，有辦法讓不可思議的事情成真……那些一整個月都對我們說『不』的人，我們將徹底改變他們的想法，讓他們對我們說『好』。」

掌聲如雷。

「辦事處目前距離本月業績目標還差150萬美元，你們今天所做的一切，你們為了達到成功所做的每一個動作、每一次推銷、每一個談話的企業主、每一次鼓勵同事進步、每一次贏得企業主的衷心信服，幫助的不僅僅是你，也是在幫助團隊，幫助辦事處，幫助整個組織，更幫助Yelp達到想要到達的地位。

「我們現在有個行動方案，就是今天去執行。」她停頓了一下，「你們要動起來嗎？」掌聲稀稀落落。她再問一次，語氣裡帶了輕微的氣惱尖銳：「我們動起來嗎？」再次掌聲如雷。

業務代表們魚貫回到自己的座位前。今天每個人都將打電話，說服至少70位企業主購買Yelp的廣告。只要成功了，他們就會跑到辦公室前敲響一面大鑼，其他同事則會歡呼喝采。

你不是該死地照稿子念

本書大部分章節，都和自己做心理準備有關，但人生有些時刻卻與我們自身無關，而是和我們領導的人有關。我們無法為他們做準備。我們可以教導、鼓勵、敦促、勸誘，但結果掌握在他們手上。在他們正式上場前的最後幾分鐘，我們能給的，就是「精神喊話」。

說到精神喊話，有很多傳誦多年的故事。精神喊話，在運動電影和戰爭電影中傳頌了數十載；美式足球及美國職籃總教練的賽前講話，如今固定會在電視上即時轉播；高階主管必須在每次產品發表或是季末時，發表一段振奮人心的演說。

沒有人真正學過該怎麼說這些話，人們主要藉由模仿和直覺。有些人天生擅長，但許多人並不是。在矽谷更是如此，當地許多領導公司的人是性格非常內向的年輕人，他們人生的大部分時間都埋首在電腦螢幕前，因此許多年來，缺乏人格魅力的科技業高階主管試圖解決這個問題，於是打電話給知名企業教練比爾．坎貝爾（Bill Campbell）。

坎貝爾在古老的鋼鐵城：賓州霍姆斯特德市出生長大。他記得高中打美式足球時，在前往和勁敵黎巴嫩峰高中比賽途中，球隊總教練讓球隊巴士改道。巴士沒有直接到球場，而是繞行相鄰的豪宅社區。「你們看到那些凱迪拉克了嗎？」總教練問，「你們父親煉的鋼做成了那些凱迪拉克，你們要讓那些窩囊廢打敗你們嗎？」坎貝爾記得自己走下巴士時渾身充滿力量，彷彿可以勒死人。「那是他們用的激勵方式：我們是煉鋼廠的窮人孩子，他們是山上的富家子弟，如果我們被打敗，就真的太悲涼了。」坎貝爾說，「我這一生聽過各種精神喊話，但我從未忘記高中教練說的那些。」

高中畢業之後，坎貝爾進入哥倫比亞大學（Columbia University）就讀，並擔任美式足球隊隊長。大學畢業後，他成了一位美式足球教練，還在1974年到1979年間指導哥倫比亞大學的球隊。在那之後，坎貝爾轉換職業跑道進入廣告業，最後在蘋果即將推出麥金塔電腦之際，擔任該公司的業務副總裁。

坎貝爾沒有科技或電腦相關技能，蘋果已經有很多這方面的人才，但他擅長之前擔任美式足球教練適用的技能：他可以發現及培養人才、建立團隊，讓每個人發揮所長。坎貝爾又在幾家公司擔任過高級職務，包括在軟體公司Intuit擔任執行長。坎貝爾在矽谷任職超過30年，因為指導人際交往能力有限的科技界青年才俊而聲名大噪，被大家稱為「教練」。《財星》（*Fortune*）雜誌有一篇令人難忘的人物報導，文中稱他是「歐普拉（Oprah）、尤達（Yoda）、喬・帕特諾（Joe Paterno）的粗俗版宇宙混合體」，擁有「不可思議的神奇能力，能激發一個人對工作的熱情」（另一個綽號是：「書呆子低語者」〔The Nerd Whisperer〕）。坎貝爾後來和史蒂夫・賈伯斯（Steve Jobs）格外親近，他們會一起繞著帕羅奧圖的社區長時間散步，並提供賈伯斯諮詢建議。

坎貝爾一生很少接受記者正式訪問，2016年初，我和他有過一場對話，此時他已75歲，就在他過世不久前，這可能是他生命中最後的訪談。他在對話時，提到自己和一位不算激勵型演講者的科技公司執行長合作。那家公司經歷過一段混亂和效能不彰，坎貝爾試著訓練他做一場針對全公司的關鍵性演講。那位執行長一度放棄了，還請坎貝爾替他發表那次演說。「不行，你是執行長，他們想聽你說，從你的嘴說出來。」坎貝爾說。

他告訴那位年輕執行長，不妨談談為什麼創立那家公司，並解釋他需要員工做什麼以及為什麼。「他們想要的是聽到你的熱情，他們想要你說出你相信什麼。他們想要相信那是你的心聲，你不是該死地照稿子念。那就是你，你甚至不必大聲疾呼，只要說出來就好了。」

坎貝爾看著那位執行長在一個星期五的下午，站在公司餐廳裡。「他的表現好得簡直不可思議。」坎貝爾回憶道，「他發自內心地用自己的話去演說。他強勢地表達立場：『我們就是這樣的人，而我們將會成功。』」坎貝爾記得員工的回響熱烈，那場演講成了公司翻身的重要時刻。

「書呆子低語者」又贏得一次勝利。

為吉佩爾贏一回

電影《豪情好傢伙》(*Rudy*)開場5分鐘後，畫面是留聲機正撥放黑膠唱片的臥室。透過黑膠唱片細碎的爆裂聲，傳來1920年代聖母大學(University of Norte Dame)美式足球隊總教練紐特．羅克尼(Knute Rockne)的一段賽前演說：**「我們將擊潰他們，我們將打敗他們。擊潰他們，打敗他們……不要忘了，夥伴們，今天是我們要贏得勝利的一天。加油！加油！加油！」**隨著教練忘情地大喊，年輕的魯迪．

休廷杰（Rudy Ruettiger）也跟著大喊，並記住那些字句——這是他未來與聖母大學美式足球隊構築緊密關係的第一個徵兆。

安吉羅．皮索（Angelo Pizzo）大約10歲時，有人給他一張包含這段羅克尼演說的唱片。皮索跟魯迪一樣，記住了那些字句。皮索記得童年（1950年代）在印第安納州，死於1931年墜機意外的羅克尼依然備受尊敬。「紐特．羅克尼的演說，成了我們的媒體文化及體育文化的一部分。」他說。

安吉羅．皮索是《豪情好傢伙》《火爆教頭草地兵》（*Hoosiers*）及其他幾部運動電影的編劇。他編寫年輕魯迪背誦羅克尼演說的那一幕，其實是在描述自己。這30年來，皮索的作品也塑造出一般人認知中，總教練在賽前關鍵時刻應該說的話。

「那時候，我已經寫過太多更衣室演說的場景。」皮索疲憊地說，承認自覺很難想出比賽前，總教練應該講出的新台詞。61歲的皮索坐在寬敞的書房中，裡面有一張巨大的三角形書桌，是用印第安納大學籃球館的硬木地板搭建而成的，而籃球館就位於他在印第安納州布魯明頓的家北方幾英哩。「我真的不想老調重彈，但通常總教練在更衣室裡說的，就大概是那樣。」

總教練的賽前演說對選手的表現影響非同一般，這個概念並非始於羅克尼。傳記作家雷．羅賓遜（Ray Robinson）

提到，二十世紀初的棒球教練約翰・麥格洛（John McGraw）及康尼・麥克（Connie Mack），都將賽前演說視為強大的工具。這種技能也不是與生俱來的，羅克尼年輕時口吃得厲害，直到跟著一位演說教練刻苦學習，才培養出在選手面前侃侃而談的境界。

不過到了這個境界，他也成為該領域遠近馳名的大師。他的賽前演說通常仰賴戲劇手法。羅賓遜寫道，有時候羅克尼會崩潰痛哭，羅克尼至少也有過一次在隔間牆板薄弱的球場，無聲地催促選手偷聽隔壁教練詆毀聖母大學隊的精神喊話，藉此激起選手情緒。

羅克尼最令人難忘的演說，是1928年對上陸軍的一場比賽。中場時球隊以0比6落後，羅克尼跟選手說起8年前，隊上的優秀球員喬治・吉佩（George Gipp）死於肺炎的臨終情景。「我要走了，羅克。」羅克尼記得吉佩這樣對他說，「沒關係，我不害怕。如果那些孩子遭受重挫，就跟他們說去為吉佩爾（the Gipper）贏一回。我不知道那時候我會在哪裡，羅克，但我會知道的，而且我會很高興。」

球隊重整旗鼓，最後以12比6贏得比賽，而「為吉佩爾贏一回」的演說，備受記者和電影製作人頌揚（前美國總統隆納・雷根〔Ronald Reagan〕在1940年的電影《紐特・羅克尼》〔*Knute Rockne, All American*〕中飾演吉佩）。但這個故事的真實性一直備受爭議。我們不清楚在吉佩臨終前，羅克尼是否在場，而且他生前始終不曾有人稱他「吉佩爾」。其他人則質疑時機問題，羅賓遜寫道：「這樣重要的臨別贈言，羅克尼始終不曾透露隻字片語，直到8年後才說……必定讓人對其真實性產生懷疑。」

發自內心的演說很好，但傳達策略也很重要

不過，羅克尼的賽前演講傳奇，將發表鼓舞人心的精神喊話這件事，變成總教練的必要工作。

電影製作人安吉羅・皮索的作品就建立在此前提之上。皮索從南加州大學電影學院畢業後，於1976年找到一份製片廠的工作。「我嘔心瀝血地寫腳本，做了無數筆記，拆解、分析、注意所有細節，不斷精益求精。」他說：「我大概讀了1000本電影劇本後，才自己寫出1本。」

等到31歲寫成時，他描述一個印第安納小鎮籃球隊意外打入州冠軍賽的故事。這個故事在好萊塢到處碰壁，最後被金・哈克曼（Gene Hackman）簽下，一家製片廠拍板開拍這部電影。丹尼斯・霍柏（Dennis Hopper）及芭芭拉・荷西（Barbara Hershey）加入擔任配角；皮索的好兄弟大衛・恩斯柏（David Anspaugh）負責執導，皮索則擔任監製。他們用了四十多天，在死氣沉沉的印第安納小鎮拍攝《火爆教頭

草地兵》。根據作家蓋兒・約翰遜（Gayle L. Johnson）在《火爆教頭草地兵幕後》（*The Making of Hoosiers*）的描述：「因為他們認為無法教導演員運球和投籃，所以大部分是雇用非演員來扮演籃球隊選手。」這部電影入圍兩項奧斯卡獎，但皮索捨棄奧斯卡頒獎典禮，而是觀看電視上播放的全美大學一級籃球錦標賽。

三十多年後，這部電影的影響力仍在。每當我問起有關精神喊話的案例，各行各業的領導人，不光是運動教練，還包括軍官和企業高級主管，都提到《火爆教頭草地兵》的深遠影響。比爾・坎貝爾告訴我，他一年至少會重看這部電影一次。

但仔細分析《火爆教頭草地兵》的更衣室演說，就會發現內容並非全是激勵、熱情鼓舞和活力幹勁。

哈克曼在電影中扮演的總教練諾曼・戴爾（Norman Dale），有過3次賽前演說，每次內容都不同。

第一次是在電影開始後25五分鐘，球隊首場比賽前，發生在一個陰暗骯髒的地下更衣室。演說重點完全放在戰略上：「每次投籃前，傳球4次。」哈克曼緊張不安地叮囑隊員，然後由牧師帶領他們禱告。他沒有說出任何意圖激發熱情的話。

第二次發生在州冠軍比賽的準決賽。演講內容不是要激發團隊的熱情，而是要他們放下所有可能會有的情緒，並記住練習無數次的所有基本籃球戰術。「忘了觀眾、學校的規模、對手別緻的制服，只要記住你們是怎樣走到這裡的。」戴爾說：「專注在我們一再練習的基本功。最重要的是，不要一心想著這場比賽的輸贏。將努力和專注力放在發揮自己的潛能，展現出個人最大的能力。我不在乎比賽結束時記分板上的數字，因為我們將成為贏家，好嗎？」

這段演說呼應史丹佛心理學家卡蘿．杜維克（Carol Dweck）的研究，杜維克發現專注在投入（比如努力）而不是產出（比如輸或贏），會讓人進入「成長心態」（growth mindset），幫助他們表現得更好，因此長久下來會有進步。

戴爾總教練的第三次演說，發生在冠軍賽僅剩19秒時的板凳席上。總教練概略敘述一套劇本，讓明星選手吉米．奇特伍德（Jimmy Chitwood）當誘餌創造空檔，讓另一名選手投最後一球。然而選手並不支持這樣的戰術，於是總教練選擇退讓，指示由吉米去投那致勝的一球。這個訊息很清楚——總教練不再掌控一切，因為球隊已有能力激勵和管理自己。

皮索坐在書房裡，這樣描述電影中精神喊話的順序：「那是典型的亞里斯多德式三幕劇結構，莎士比亞也用過。裡面有個主人翁，會在最後一幕的關鍵點看到他視而不見的東西。『我曾經盲目，但我現在看到了。』……我在找一個地方讓戴爾放手，不再掌控。而那就出現在最後一幕。他恍然大悟，他們是一個團隊。」

觀眾可能看了《火爆教頭草地兵》的精神喊話後，覺得熱血澎湃。的確，美國游泳選手麥可·費爾普斯（Michael Phelps）在奧運比賽前一晚也看這部電影。但請仔細聆聽，那不僅是「為吉佩爾贏一回」。**演說的確是訴諸選手的情緒，但焦點也在比賽策略，以及球隊需要做哪些具體細節才能贏得比賽。**

也許比爾·坎貝爾教練只對了一半。發自內心的演說很好，但傳達實際的訊息和策略也很重要。

戰爭型態改變，精神喊話的作用也不如從前

在發明籃球之前的幾世紀，在千禧世代費盡千辛萬苦向披薩店推銷線上廣告前，領導人就會在交戰前對著士兵精神喊話。

1991年，基斯·耶林（Keith Yellin）仍是威斯康辛大學的博士生，正在著手進行有關「出戰訓辭」（battle exhortation）的論文。「出戰訓辭」，是他對戰鬥前精神喊話的說法。耶林和所有作家一樣會拖延，但是他拖延的紀錄，鮮少有人能比得上。

在他進行研究時，第一次波斯灣戰爭爆發。耶林觀看

CNN的戰爭報導，心中感覺到一股愛國精神在激盪，於是他開始考慮第一手經驗或許有助自己撰寫論文。接著他決定先擱置論文，加入美國海軍陸戰隊。

等到耶林上完美國海軍陸戰隊預備軍官學校，波斯灣戰爭早已結束。耶林最終拿到海軍上校軍銜，但是在服役期間，他沒聽到太多精神喊話。「在歷史紀錄中曾見過的出戰訓辭表達方式，和現代戰場的實際情況有著驚人差異。」他說，「在美國革命之前的古老戰役通常非常正式，兩軍會排出陣線，視野中看得到彼此，提供高階指揮官絕佳機會，在戰爭行動開始前轉向軍隊說：『好的，就準備大顯身手了，孩子們。』你可能有5分鐘、甚至50分鐘幫軍隊加油打氣，但隨著戰爭型態的演變，規模變得龐大、變得隱晦詭譎，而且變得非常快速……以我在海軍陸戰隊的經驗，你唯一會聽到的出戰訓辭，就是在戰爭行動開始後，指揮司令官宣布的備忘錄。」

耶林退伍後完成博士論文《出戰訓辭：戰鬥領導人的修辭》(*Battle Exhortation: The Rhetoric of Combat Leadership*)。他在論文中分析古希臘羅馬以及莎士比亞劇本中的戰鬥前演說。他指出亨利五世「再次進入突破口」的演說，還有喬治・巴頓(George Patton)在諾曼第登陸前對第三軍團的演說，這段公認是該類演說的最佳範例。

他寫道，戰爭的速度與形式規則改變，只是戰鬥前精神喊話看似式微的一個原因。另一個重要因素：如今的軍隊職業化，大部分由自願入伍的職業軍人組成，這與第二次世界大戰的情勢大相逕庭，當時在戰場上的大多是非常年輕的「民間戰士」，有些是徵兵而來。一般來說，年紀較輕、經驗較少的人，需要更多外在（或外部）的激勵（而且可從啦啦隊式的精神喊話獲益更多，至少一開始是如此），而自願選擇一再經歷戰鬥的人，被認為更懂得如何善用內在或自我激勵，他們需要的激勵較少，反而需要更多資訊。

或許耶林的研究中最有用的是一張表格，列出他從研究的戰鬥前演說中，找到指揮官常用的23項「常見主題」。有些焦點集中在戰爭衝突，對於企圖刺激銷售業務團隊不是特別有用（像是「死亡是光榮的」和「捍衛國家」等主題，大概對激勵銷售團隊沒有幫助）。但對於幫助任何背景的領導人發表精神喊話，有些都很有用。「全體準備就緒」，說的是團隊為戰鬥做的準備程度；「聲望」，聚焦在一個人的行為對未來身分地位的影響；「獎賞」，強調勝利帶來的好處與讚揚；「武力對比」，是領導人說明自家隊伍的優點和對方的弱點。

23項變數中有許多需要深入了解，所以現場指揮官會找個簡單點的方案也並不意外。

史坦利．麥克里斯托（Stanley McChrystal）是在陸軍服役38年的老將，退役時官拜四星上將。他從2003年起執掌美國聯合特種作戰司令部（Joint Special Operations Command）直到2008年，後來統領在阿富汗的所有軍隊（他於2010年退役前，曾在《滾石》〔*Rolling Stone*〕雜誌發表一篇文章，評論歐巴馬政府官員失言）。領導聯合特種作戰司令部時，麥克里斯托曾在反恐戰爭最激烈的幾個時期，率領海豹突擊隊、陸軍遊騎兵、三角洲部隊，讓他累積面對危險處境時，如何重整旗鼓的大量經驗。

不過，他對於精神喊話的看法呼應耶林的觀察。現代戰爭使得純粹的情緒性精神喊話，遠不如過去來得重要。

這是我想請你們做的事

「如果你在上一場戰爭跟三角洲部隊、陸軍遊騎兵或海豹突擊隊一起出擊，就知道我們每晚都在戰鬥。」麥克里斯托說：「有時候因為情報成熟，他們可能一晚發動三次突襲，一場接一場。那是不一樣的環境，那種情況不像超級盃，只要做好準備迎接一場大戰就好，因為每天晚上都必須『上場比賽』。情勢瞬息萬變，而我們必須對所有突發狀況照單全收，沒有太多可事先做好心理準備的空間。我們得假設隊員們天生就有滿滿熱血與動力。」

最後一句話，有必要再提一次：「我們得假設隊員們天生就有滿滿熱血與動力。」那便是為什麼特種部隊戰鬥前討論的大多是戰略，並把重點放在任務計畫。

麥克里斯托提出警告，他在生涯早期領導一群較年輕的青澀士兵時，有時說的最後結語比較側重情緒和激勵，而不是戰略。「大約最後30分鐘，比較重要的是建立信心和對彼此的義氣。」他表示。但是大體來說，麥克里斯托並不會打從心底說要為誰贏一回，他的精神喊話更著重在眼前任務的具體細節，也就是美足球教練口中的進攻與防守戰略，或執行長們時常提及的公司策略。

麥克里斯托在發表這些講話時，通常會遵循一個容易複製的簡單5段公式：

- **這是我想請你們做的事；**
- **這是這件事為何重要的原因；**
- **這是我知道你們做得到的原因；**
- **想想你們以前一起做過的事；**
- **現在，我們一起來做吧。**

這套公式有激勵人心的成分，但該公式強調的重點在第一段，也就是士兵們應該做的事。

要找證據證明這套以戰略為重心的方法已成為軍中精神喊話的主流，就得仔細檢驗過去50年來，最為人稱頌的一次美國軍事任務發生前的演講——海神之矛行動（Operation Neptune Spear），23位海軍海豹突擊隊隊員飛進巴基斯坦擊殺奧薩瑪・賓・拉登（Osama bin Laden）。

在2011年的這次行動之前，軍事領導人究竟說了什麼，外界至今仍缺乏共識。記者菲爾・布朗斯坦（Phil Bronstein）在《君子》（*Esquire*）雜誌撰寫射殺賓・拉登的海豹突擊隊人物小傳，指出接任麥克里斯托擔任聯合特種作戰司令部司令的海軍上將威廉・麥克雷文（William McRaven），在任務執行之前發表了一段「精采的演說」，其中提及《火爆教頭草地兵》。但其他報導對此有爭議。前海豹突擊隊隊員以馬克・歐文（Mark Owen）為筆名撰寫的《艱難一日》（*No Easy Day*），指出麥克雷文的最後談話完全在講戰略，不是什麼令人難忘的演說。歐文寫道：「他說的話沒有一點讓我記憶深刻，因為我全副心思都在關注即將發生的事。」

為了弄清楚這一點，我要求訪問麥克雷文、布朗斯坦以及歐文，但他們要不是拒絕，就是沒有回應。不過，這場阿富汗最後任務簡報時也在場的一名軍官澄清：兩種報導都是真的。大部分的任務前簡報都是以戰略計畫為重心，但麥克雷文確實也在談話中提到《火爆教頭草地兵》。

那名軍官說：「他提到的是金・哈克曼帶著選手進入大型比賽場館（參加州冠軍賽）的那一幕。」根據他的說明，麥克雷文回憶戴爾總教練讓一名選手測量從邊線到球籃的距離（15英呎），以及從地板到籃框的高度（10英呎），證明比賽場館的球場和他們家鄉的體育館一樣。消息來源說：「他接著又告訴團隊，這次任務和以前執行的其他任務並無不同，我們只要將其當成另一次作戰計畫即可。」那次演說沒有特別的情緒激動成分，真要說的話，只是激勵海豹突擊隊隊員壓制情緒，並保持有條不紊的平常心。

那樣的方法似乎奏效了。在飛往賓·拉登藏身處的90分鐘直升機航程，大部分海豹突擊隊隊員都十分放鬆，甚至睡著了。

從容鎮定地進入戰鬥模式

海豹突擊隊並非唯一盡量避免典型情緒激動精神喊話的例子。享有盛名的現代運動教練大多認為，更衣室演說是電影設計出來的場景，不是現實世界中使用的激勵工具。

作家大衛·哈伯斯坦（David Halberstam），曾這樣描述鮮少發表慷慨激昂更衣室演說的美式足球隊新英格蘭愛國者隊（New England Patriots）總教練比爾·貝利契克（Bill Belichick）：「他從事這項運動的動力是腦力的激盪，以及迷戀職業美式足球帶給教練的心智挑戰。觸動選手情緒，進而刺激選手做更多，他在這方面的技巧遠不如他的師父比爾·帕索斯（Bill Parcells）。這對他來說絕不是輕鬆簡單的事，畢竟他本身就不是那樣的人。此外，他認為這是錯誤的方式，太過短視，而且到頭來只能頻頻去汲取那口名叫『情緒』的井，最後勢必會乾涸了。」

拿下11座NBA總冠軍金盃的菲爾・傑克森（Phil Jackson），這樣描述1970年代他在紐約尼克隊打球時，所學到的東西：「當時，大部分總教練都贊同紐特・羅克尼的心理訓練理論。他們憑著『為吉佩爾贏一回』這樣的精神喊話，盡量激發選手投入比賽的情緒。如果你是一名後衛球員，那種方法或許有效；但我在尼克隊打球時發現，如果心情太過激動，反而不利我在壓力下保持專注。因此（身為總教練），我做的正好截然相反。我不是幫選手加油打氣，而是發展出若干策略，幫助他們平心靜氣，從容鎮定地進入戰鬥模式。」

究竟是情緒性的精神喊話有效，還是訊息豐富的戰略性精神喊話更有幫助，這方面的學術研究並不多。但關於賽前修辭的力量，我們所了解的大部分來自從足球選手轉向學術界的蒂芬妮・瓦加斯（Tiffanye Vargas）。

瓦加斯在德州艾爾帕索市長大，在一支足球隊踢球。球季的例行賽，她的球隊通常能輕鬆獲勝；但是當進入到季後賽，勢必就會遭遇到更強大的挑戰。因此在重要比賽前，總教練會誇獎其他球隊，企圖藉此激起他們的情緒。

總教練的用意良好，或許他認為強調其他球隊的實力高強，會讓球員奮起。但無論用意是什麼，這個策略卻產生反效果。「我們聽到的，都是『其他球隊很厲害』的情報。」瓦加斯回憶，「但我們往往因此感到害怕，在不應該輸的時候輸了比賽。」

回顧從前，瓦加斯簡單地總結老教練的賽前演說：「我認為，他一無所知。」

等到瓦加斯進入德州大學（University of Texas）研讀心理學，她開始尋找探討何種精神喊話真正有效的學術研究。結果，她發現幾乎沒有這方面的研究。因此後來10年，她在密西根州立大學（Michigan State University）攻讀運動心理學博士學位時，開始自己進行研究。

她總計發表6項研究調查，有一些結果並不一致，而且似乎相互矛盾，有部分是因為方法學不同。比方說，在一項實驗室實驗中，她從3種賽前演說錄音版本挑選1種，播放給90位足球選手聽，企圖判斷究竟是以策略為重心、訊息豐富的精神喊話，還是情緒激昂、循循善誘的方法，更能提高團隊效能（以這個例子來說，情緒性方法讓選手感覺更自信且更樂觀）。在實地實驗中，她讓10支球隊的151位足球選手聆聽現實生活中的總教練現場賽前演說，隨即立刻進行調查。相較於第一篇論文，這次是聽到演說包含更多訊息內容的選手，回報感覺自我效能更高。

儘管結果不一致，瓦加斯的一些研究結果頗有幫助。舉例來說，她有一項研究發現，90%的選手樂於聽總教練的賽前演說；65%表示演說會影響他們的比賽表現，而當選手不滿或被要求評論總教練的賽前演說時，最一致的要求是希望總教練能展露更多情緒（不過，女性運動員普遍顯示更偏好訊息多的演說）。在各種不同體育運動項目中，如果是對上未知的對手或過去曾以些微差距落敗的隊伍，運動員較偏好資訊豐富的精神喊話；如果是處於劣勢的一方或是打入冠軍賽，則喜歡比較情緒激昂的精神喊話。

如今任職加州大學長堤分校的瓦加斯，想找出方法加以量化好的賽前演說影響持續期。是只在比賽剛開始的那幾分鐘能幫助選手表現得更好，還是會持續得更久？她也想研究總教練的賽前演說，在賽季期間的演變情況。

發脾氣有助激勵團隊，但不能常用

加州大學柏克萊分校心理學教授巴瑞．史托（Barry Staw），曾記錄總教練一整季的演說。史托是籃球迷，69歲仍在打全場的友誼賽。1990年代中期，史托和一位研究生決定研究高中籃球總教練的中場休息演說。他們總計錄製23位總教練在321場比賽的演說。史托說：「他們的行為舉止五花八門，有很多非常熱血激昂的修辭。」他都是在家裡一邊聽那些演說，一邊烹煮晚餐，直到妻子因錄音內容髒話連篇而禁止他繼續這個行為。

史托找程式工程師為每一次演說評等，評量演說內容中19種情緒的強烈程度。研究人員結合這些數字得出一個單一分數，代表總教練在中場休息演說的「不悅」程度。接著他們觀察每一隊的輸贏紀錄、每一場比賽的對手紀錄、中場時的分數以及最後比數。

他發現，**總教練在中場休息演說中，真的對球隊顯露出不悅、惱怒的隊伍，下半場的表現比較好**。

不過，這裡有幾個限定因素。首先，總教練平常就不是非常愛生氣，所以中場的發怒演說才會比較有效果。其次，效果呈曲線狀，意思是往上傾斜的效果，最終會轉而往下。怒氣愈大，不等於球員會表現更好，「當總教練開始大叫怒罵、摔獎盃、踢椅子，那確實會有負面效果。」與史托合作的多倫多大學（University of Toronto）教授凱蒂・迪謝爾斯（Katy DeCelles）說。

即使是20年前製作的錄音，史托還記得其中一些演說。「有一個尤其鼓舞人心，比《火爆教頭草地兵》好。」他說，「結果那一位總教練後來去管理一所知名大學的課程，我還得知他有擔任神職人員的經歷。」其他則沒有那麼令人振奮。有的齷齪下流，有的甚至令人驚慌害怕。「還有不少令人從骨子裡發冷。」史托想到有一位女性教練的談話，讓他不禁顫抖。

史托發現他的「發怒精神喊話，效果較好」理論，在商業界可找到事證。「或許這個理論能適用在史蒂夫・賈伯斯身上。」他想到有新聞報導說，這位蘋果公司創辦人出了名地愛發脾氣，「可以說，產品開發團隊有點像籃球隊，（賈伯斯大發雷霆）確實是別有一種表演意味。」不過，他認為總教練的演說如果老是飽含怒氣，那就失去作用了。「激動情緒對取得某種巔峰表現有用，但是你只有一定數量的子彈，必須適當分配。」他說。

史托和瓦加斯的研究結果都顯示，在精神喊話中顯露情緒的領導人，以及訴諸聽眾情緒的領導人，都可能達到效果並提升團體的表現。但瓦加斯的研究結果顯示，許多聽眾想要的不只是情緒；很多時候，一場富含訊息的精神喊話，或許更有效。

要是企圖結合這兩種方法，結果可能是場冗長又累贅的精神喊話。瓦加斯認為這個想法很糟糕，在她看來，理想的精神喊話要「簡短明快」。「提醒運動員們發揮自己的長處。」她說，「不要拿新的內容來加重他們的負荷，這時應該提醒他們，在練習期間一直努力的關鍵概念。為他們打氣，對他們說些表達信任的內容，讓他們知道，他們可以做得到。」

經理人該怎麼精神喊話？

艾瑞卡・加洛・阿利奧托在Yelp管理的業務團隊規模還小時，並沒有仰賴正式的精神喊話，而是帶頭進行建立團隊的練習，讓所有人活力飽滿地去推銷。他們會坐在桌邊像敲鼓一樣地敲桌子。她有一個自己很喜歡的練習，是請業務代表們站成一個圓圈，輪流表演一個自己設計、可笑的功夫招式，這一招是她從即興表演課學來的。

「即興表演時，你要做暖身準備，這樣上台時才不會緊張或焦慮。」她說，「很多業務代表在拿起電話時會很焦慮，如果讓他們的暖身準備做得愈好，他們的表現就會愈棒。」

等到她的團隊達到一定規模，就不可能再這樣密切互動了。起初，她用條列式重點談話，但結果好壞不一，於是她花了一整天進行公開演說的訓練。現在她會寫腳本練習，直到融會貫通要點，然後靠記憶表達。

那場她對紐約辦事處的8月LDOM精神喊話，提前了3星期開始準備，寫草稿，並自己做排練。到了演講前一天，她請兩位資深同事替她的表現打分數。「我非常具體地告訴他們：『我不想只是聽到說：很棒，我想要非常具體的意見回饋，提出哪些地方可以改進。』」她說。於是他們告訴她，她塞進太多重點，所以她砍掉兩個段落並加以精簡。之後，她又做了更多練習。

雖然阿利奧托看似天生善於在一大群人面前演說，但她其實是個容易緊張的人。在大型簡報前，她會用上從訓練中學到的一個技巧——獨自進入房間，活力充沛地四處跳躍，大聲喊出：「我要告訴你們的事會讓你們興奮不已！真是太神奇了！我會讓你們大吃一驚。」她不好意思地描述，「實在非常尷尬……但我學會了擺脫焦慮的招數。」

她的銷售談話大多採用簡單形式，算是史坦利・麥克里斯托對麾下士兵那套方案的變化。她一開始先感謝團隊的辛勤努力，並點出正在全力以赴的人。她強調，如果一個 Yelp 業務代表可以達到設定的業績，那麼所有業務代表也都能做到，因為他們都有相似的技巧和訓練——抱持正確的心態，設定目標，或是有行動的決心。「我盡量從觀眾當中獲得一點回應，然後扼要重述。」她的扼要重述不只是總結摘要，而是齊聲吶喊，目的就是要點燃團隊的活力。

她也試過發怒式精神喊話，但對她來說沒有產生任何效果（她引述研究指出，女性難以用發怒當激勵手段）。她放棄採用憤怒的語氣，不單是因為沒有效果，也因為她對業務代表為何不能成功達成績效的看法一直在改變。她以前將沒達到業績，歸咎於懶惰或不用心，那自然會令她生氣。可是，她漸漸發現成績欠佳，更多是起因於焦慮、缺乏信心或活力、自我懷疑。於是，她不再做出批判的反應，而是開始表達同理心——「我們都曾經歷過」，並提供必要的資訊以作為協助。

關於經理人精神喊話的學術研究少得驚人，但是已有研究正好呼應阿利奧托的方法。這個研究描述一個名為**激勵語言理論**（Motivating Language Theory）的概念，指出領導人用3種修辭，來發表精神喊話。

第一種是**給予方向或「減少不確定性的語言」，關於手邊任務如何進行的有用資訊**。艾瑞卡·阿利奧托的說法是，藉由降低執行工作可能感受到的不確定性，減少業務代表的負面自我對話。這種溝通模式的焦點，在於手邊任務的內容或方法。

第二種是**「創造意義的語言」，解釋這個任務為什麼重要**。當教練或經理人強調團隊、家庭、團體傳承的重要性，就是在創造意義。

第三種是**「同理心的語言」，將執行者視為獨立的個人，表達關懷**。讚美、鼓勵、感謝，都算是在這個主題之下。

精神喊話，不是演說後就結束

激勵語言理論的研究，很多是由德州農工大學（Texas A&M University）的賈桂琳與米爾頓·梅菲爾德（Jacqueline and Milton Mayfield）進行的。「激勵語言理論提供一個架構，理解領導人的溝通如何鼓舞和啟發他人，努力達成組織想要的目標以及他們自己的目標。」賈桂琳透過電子郵件表示。

這是一種概念理論，沒有簡單或明顯的方式可證明或進行科學實驗。但是在1998年有一項研究，調查負責推銷大學電話名錄廣告的業務員。研究人員西奧多·左恩（Theodore Zorn）與莎拉·魯齊奧（Sarah Ruccio）發現，現實世界的結果或多或少和理論模型一致。根據對業務代表和經理人的訪談，他們發現業務代表最重視三個領域的溝通：**建立成功模式**（聽起來很像給予方向），**個別關注**（也就是同理心的溝通）以及**展現活力**。

阿利奧托在Yelp紐約辦事處的精神喊話，其實不是在業務代表魚貫回到辦公桌前就結束。正式演說期間，她請所有業務代表在便利貼寫上當天的目標，她也會設定自己的便利貼目標：至少與100位Yelp業務代表個別談話。演說過後，阿利奧托拿起一杯豆漿拿鐵，開始在樓層中走動，和自己的團隊進行一對一談話。

觀察了大約十來場這樣的對話後，最令我印象深刻的是，他們非常專注在訊息和策略上。她和一位業務代表談到，如何更有效地讓一位令人又愛又恨的潛在顧客完成訂購；對一個即將打電話給汽車技師的業務代表，她談到這個職業類別的具體細節：技師非常仰賴推薦介紹，Yelp為他們帶來的業務量將非常可觀。「我喜歡跟技師合作，因為跟我們合作的投資報酬率實在太容易計算了。」她說。

阿利奧托在業務樓層走動時，公司廣播也同步播放著音樂，因此空間裡的噪音程度不時隨業務代表敲鑼而升高。到了下午2點，這時間又稱「動力時刻」(Power Hour)，Yelp的人都會衝到廚房，趕緊拿罐公司免費供應的紅牛(Red Bull)飲料，消除午餐後的睏倦與疲憊。

等到一天結束，阿利奧托已經和至少100名業務代表談過話。團隊當天的表現不錯：他們賣出145萬美元的新廣告，達成他們的業務配額，但距離當月的目標還少5萬美元。許多業務代表達到BME，這在Yelp公司代表「有史以來最佳月分」(best month ever)。

這些結果，有多少是受阿利奧托早上的演說影響？還是之後的一對一精神喊話影響？不得而知。不過，業務部門的領導人認為團隊這一天的表現很棒。「我的演說沒什麼開創性的內容，但是能幫助他們思考目前要往哪個方向前進，以及他們有什麼不同的能力。」她說，「我們有時都會鑽牛角尖，給自己設限。我盡量讓所有人了解，他們其實有能力掌控自己的一天要怎麼過。」

這或許缺乏詩意或「為吉佩爾贏一回」的戲劇張力，但是藉由調整出適當的資訊和情緒組合，Yelp業務團隊以充沛的能量迎接LDOM(那些紅牛飲料大概也有幫助)。對一個由打磨光亮的水泥地板，和裸露在外的天花板橫梁組成的高科技工作場所來說，這稱得上是一場勝利了。

CHAPTER 4

建立「上場」播放清單

——能幫你打氣和維持專注的
好歌有哪些？

●●●●●●●

康奈利（TJ Connelly）小時候不是個運動神經發達的孩子。在波士頓南區長大的他，曾參加學校的劇場演出。他嘗試過打鼓、單簧管、低音吉他，但彈奏技巧差強人意。等到1990年代初期進高中，康奈利已經是個不折不扣的音樂迷，他喜歡像「內閣樂團」（Ministry）之類的金屬搖滾樂團。雖然有些同學以優越的體育成績讓女孩子傾倒，康奈利卻有獨特的必殺絕招：如果喜歡一個女孩，就為她錄製一張混音音樂專輯。

康奈利也喜歡電腦。1995年高中畢業後，網際網路方興未艾，於是康奈利從大學輟學，成了一位程式設計師。有好幾年的時間，賺錢就像錢從天上掉下來一樣容易。但後來網路泡沫破滅，為了維持生計，他找了個在大學酒吧當保鑣的工作。在那裡要長時間監看舞池，結果後來他卻關注起DJ這個職業。「當DJ不僅可以免費喝東西，所有女孩子都會跟他說話，而且還能把音樂放得超大聲。」康奈利說，「我心想，這比我的工作還好。」於是，他決定當個DJ。

他在幾場婚禮當過DJ，但主要工作是在北區一座有200個座位的即興劇場。在舞廳或婚禮播放音樂的DJ，有很多時間可以安排適當的歌曲順序，但即興播放歌曲則不然。不過這樣的經驗卻幫助康奈利培養快速反應的能力，以及如同百科全書般的音樂知識。「基本上就是要將自發表現的現場活動，和隨機的音樂連結起來。」他說。舉例來說，舞台上的演員若即興表演到開車，康奈利可能就得趕快跟上，播放一段披頭四樂團的〈開我的車〉（*Drive My Car*）或汽車合唱團（Cars）的〈開車〉（*Drive*）。為了做準備，他花了很長時間製作「bumps」，也就是抓取一首歌曲最完美的那幾秒鐘（通常是副歌部分），以便在按下「播放」時，聽眾聽到的正好是準確的歌詞。後來幾年，康奈利在數百場夜間即興表演播放歌曲。

大約在2000年代初期，康奈利到芬威球場觀賞紅襪隊的比賽，他注意到擴音器所播放的音樂。他到處打聽，發現芬威球場有專屬的DJ。他心想：「真是好酷的工作。」於是他寄了一封信給紅襪隊，詳述自己當DJ的經驗。他沒有收到回信，但隔年春天，他又寄了一封信。寄信後來成了一種年度儀式。到了2005年，在他寄信之前，紅襪隊打電話來了，希望他去參加後備DJ的面試。他在一場比賽進行時過去，坐在小包廂裡，比賽到了第四局時，現任DJ請他代班。康奈利如魚得水：與在200個座位的劇場播放音樂沒有太大差別，只是芬威球場有3萬3000個座位。一個月後，康奈利得知他成了紅襪隊的後備DJ，要隨時待命，以防正式DJ請病假。2008年，他成了球隊最好的DJ。到了2015年，他擔任芬威球場的音樂總監時，已經參與超過500場比賽。

音樂可挑起情緒

這個工作，需要在4種不同情境播放音樂。

比賽前的幾個小時，他要選擇紅襪隊選手進行打擊練習時聽的音樂，針對每位選手的喜好挑選歌曲。比賽期間，他要播放每位選手的「上場」音樂，在選手走向本壘板打擊時播放一首歌的幾秒鐘（大部分選手會選擇自己的上場曲，但有時康奈利會給建議，或自己斟酌選擇一首歌的合適片段）。在局與局之間，當芬威球場的琴手沒有演奏時，康奈利會播放歌曲，盡量維持觀眾的熱情不熄。還有在關鍵球之後，他會趕緊播放「情境音樂」，摘取音樂片段祝賀全壘打或精彩的防守美技。比方說，如果紅襪隊發動雙殺，他可能會趕緊奉上羅勃・貝斯與DJ E-Z洛克（Rob Base and DJ E-Z Rock）的〈一次兩個〉（*It Takes Two*）；如果敵隊投手投出暴投（wild pitch），康奈利可能用〈野東西〉（*Wild Thing*）的幾個小節來嘲笑。

37歲的康奈利這樣形容自己在比賽的作用：「有一股能量來自球場上的選手，又回到觀眾身上，而我的職責就是充當他們之間的放大器……如果比賽中出現好事，就建立在好事之上；如果發生了不好的事，就盡量迴避。基本上就像製作混音錄音帶，高音歌曲和低音歌曲搭配，盡量不要有任何刺耳與不和諧。」

根據各方說法，康奈利從事這項工作的表現非常出色，因此2013年時，美式足球隊新英格蘭愛國者隊的一名高級主管問：「為什麼我們的音樂，不能更像芬威球場的音樂？」於是，愛國者隊聘請康奈利擔任特別顧問。他去看了幾場比賽，寫了一張備忘錄（他的關鍵訊息：播放更多種類的歌曲）。後來，愛國者隊請康奈利在2013年11月24日的一場比賽擔任DJ。

對手是丹佛野馬隊（Denver Broncos），比賽在《周日足球之夜》（*Sunday Night Footballs*）節目現場轉播。愛國者隊前三次持球都漏了球，上半場剩下2分鐘時，愛國者隊以0比24落後。觀眾安靜無聲。

從DJ控制台看出去，康奈利對製作團隊說：「我們得讓這些人動起來。」製作人嘲笑他：目前處境這麼悲慘，球迷還在噓地主球隊，根本不可能。康奈利微笑，隨後安排電音團體傻瓜龐克（Daft Punk）的〈幸運星〉（*Get Lucky*），並將音量放大。康奈利眼見看台上傳來一波波認出這首歌的聲音：「噢，是那首歌！」隨後大家站了起來，許多人還跟著一起唱，有些人甚至跳起舞來。「完美！」康奈利露出微笑地說，就像他想起過往播放完美歌曲時常出現的表情。中場休息後，在康奈利播放歌曲讓觀眾一直起身舞動之下，愛國者隊開始發動反攻，最終以加時射門得分獲勝。比賽過後幾天，有位愛國者隊的高級主管找上康奈利：「你想不想過來？」

2014年，康奈利成了愛國者隊的固定DJ，同時也在芬威球場兼差。

幾個月後，愛國者隊贏得湯姆・布雷迪（Tom Brady）—比爾・貝利契克（Bill Belichick）時代的第四座超級盃。沒有證據可以證明，康奈利挑選的音樂跟球隊那一季的成功有任何關係。但是對創造群眾噪聲、保持有利球隊主場優勢的環境，音樂絕對是關鍵要素。

任何人只要體驗過那種在適當時機、出現適當歌曲的神祕魔力，都可以證明音樂確實沒有壞處。

音樂如何以及為什麼可助人表現更好

做好心理準備，是一種校準情緒和腎上腺素的過程，而且有工具可提供幫助。第2章討論的儀式和迷信，就是其中一種；第3章討論的精神喊話也是。

音樂或許是選手或表演者用在準備上場競賽時最普遍的工具，特別是運動員。如果觀察一隊美式足球隊（無論是國家美式足球聯盟還是高中球隊）走下巴士的景象，就會看到大部分選手都會戴著耳機。在美國職籃的賽事中，許多選手在賽前投籃訓練時也會戴著無線耳機。很多運動員會聆聽精心編排的歌曲播放清單，目的是為了激勵、鼓舞自己以及提振活力。

不過，他們應該不是最早發現音樂可能有助臨場表現的人。從伊特拉斯坎人（Etruscans）[1]、條頓人（Teutons）[2]、凱爾特人（Celts）[3]的時代以來，音樂一直是戰爭的一部分，以鼓聲為前進的節拍和攻擊的信號。

美國南北戰爭期間，南北兩軍雇用了數萬名音樂家。2014年，美國國防部依然是美國最大的音樂家雇主，在職人員名單有超過6000名音樂家。

過去15年來，關於音樂如何以及為什麼可助人表現更好，有了更廣泛且完善的科學研究。這主要是因為iPod、智慧型手機、iTunes、串流音樂服務等科技的出現，但科技並非唯一因素。源源不絕的科學研究，很多是由一位名叫柯斯塔斯・卡拉吉奧吉斯（Costas Karageorghis）的研究人員積極努力推動的。

1. 伊特拉斯坎地區（今義大利半島及科西嘉島）於西元前十二世紀至前六世紀所發展出來的文明，其活動範圍為亞平寧半島中北部。
2. 古代日耳曼人中的一個分支，西元前四世紀時大致分布在易北河下游沿海地帶，後來逐步和日耳曼其他部落融合。後世常以條頓人泛指日耳曼人及其後裔，或直接以此稱呼德國人。
3. 西元前2000年活動在西歐的一些有著共同文化和語言（凱爾特語）特質的有親緣關係民族之統稱，血緣上屬地中海人種的一支。

卡拉吉奧吉斯在南倫敦長大，住在一家二手唱片行樓上的公寓。

每天早上，他都是在樓下唱片行傳來低音樂器的巨大聲響中醒來。

童年時代，他玩過各種樂器，也練田徑。大學時期，他決定結合這兩種愛好。

如今在倫敦布魯內爾大學（Brunel University）擔任研究員的卡拉吉奧吉斯，是全世界音樂與體力表現相互作用方面最重要的專家。他發表超過100篇科學論文，寫過3本書（包括《健身運動的音樂運用》〔*Applying Music in Exercise and Sport*〕），並擔任耐吉和全球體育經紀公司IMG等公司的顧問。

他並非第一個研究音樂如何影響運動員表現的人。他提起有一項研究從1911年起，檢視銅管樂隊的音樂對紐約市自行車比賽的競賽者有什麼影響。

但直到卡拉吉奧吉斯在1990年代中期開始自己的研究之前，這個領域的特點都是研究人員只做1、2次研究，就轉移到新的主題，而且始終飽受方法學欠佳之苦。卡拉吉奧吉斯建立起激勵音樂如何促進表現的概念框架，讓這個領域向前邁進，之後又編製調查工具，並加以量化有激勵效果的歌曲種類。

他和一位同事還發表包含兩部分的「綜述與回顧」，檢驗所有針對音樂與運動的已發表研究。若想要建立自己的音樂播放清單，了解科學家如何判定何種音樂有激勵效果，以及究竟是如何驅動表現的，都可從中獲益。舉例來說，有論文將聆聽的音樂區分出「任務前」(像是比賽前在更衣室)、「任務期間」(做飛輪有氧或跑馬拉松時戴上耳機)，以及「任務後」(活動之後緩和恢復時)。研究還分別出音樂對「運動鍛鍊」(目的在於「改善健康」的體力活動)和「體育運動」(重視規則及競爭結果的活動，可能使用到大量體力，也可能沒有)的效果。不同種類的歌曲在不同的環境背景，效果可能更好，也可能更差。

研究企圖梳理出一首樂曲，究竟是什麼原因而有激勵作用，並把焦點放在4個成分：**韻律和節奏**(包括以每分鐘拍數衡量)，**音樂性**(旋律和合聲)，**文化影響**(普遍性或是社會的普遍觀感)以及**聯想**(也就是說，一個人會將一首歌連結到某個人生經歷、記憶或是媒體再現)。前兩種特質，韻律和音樂性，是直接來自音樂本身的「內在」特質；後二者是一首樂曲在文化中起的作用，而且因人而異。在卡拉吉奧吉斯的模型中，以構成一首歌的激勵特質來說，韻律和音樂性是最重要的因素；文化影響和聯想則沒那麼重要。雖然學術界使用工具為一首歌的激勵性建立評分標準，卻不是客觀的衡量標準；不同的人會覺得不同的歌曲，更有激勵作用或作用較少。

音樂，一種合法的增強表現藥物

「激勵性音樂的關鍵，是增添活力、刺激與啟發。」卡拉吉奧吉斯說，「一首樂曲可在許多方面做到這點。這和節奏或速度有關，也可能和韻律或音調抑揚、旋律和歌詞內容有關……音樂也可能會透過古典制約[4]歷程達到激勵效果，因此一首樂曲會讓人聯想到激勵意象。」卡拉吉奧吉斯指出，最佳例子之一就是《洛基》(*Rocky*) 系列電影的配樂。只要一聽到歌曲，就會想起各種勵志的訓練畫面，而這段回憶會喚醒精神並增添活力。

如果有人正在運動健身，並播放非常振奮人心的音樂，那會怎樣？

有一種效果是同時性的，特別是從事有節奏的活動，如跑步、划船或自行車運動——若一首歌每分鐘拍數合適的話，可幫人調整運動時的動作（步伐、划水）。

（諾克斯學院的海瑟．霍夫曼〔Heather Hoffman〕研究顯示，在性行為時聽音樂的人也會產生同樣作用——一首歌的每分鐘拍數，會影響性交時每分鐘的插入次數）。合適的音樂也能改善運動員的心情，可協助控制激動情緒，幫助

4. 以俄國生理學家巴夫洛夫（I.P. Pavlov），研究狗的唾液分泌及其有關因素變化的實驗為典型。

運動員維持精力充沛，或保持冷靜；也可以建立一種解離感或分散注意力，讓運動員的心思從不舒服的練習感覺中轉移（這只對中等強度的練習有作用，畢竟無論做什麼事，都無法讓人完全分心，忽視真正辛苦的鍛鍊）。它可以降低一個人的「運動自覺」（perceived exertion）感，覺得自己沒有實際情況那麼辛苦。除了感知之外，種種研究都顯示，激勵性音樂可在各種運動鍛鍊環境中，激發明顯更好的表現。

「可以將音樂，想成是一種合法的增強表現藥物。」卡拉吉奧吉斯與共同作者大衛—李．普利斯特（David-Lee Priest）在一項研究中寫道。

若要善用這個「藥物」，卡拉吉奧吉斯建議運動員將健身拆解成不同部分，例如伸展、暖身、心理準備，以及力量、耐力、緩和，並替每一個部分建立專屬播放清單，清楚知道不同的激勵歌曲，在不同的情況下會出現更好的效果。

像跑步之類的韻律型運動，每分鐘的拍數很重要，目前已有網站可幫人們選擇音樂，找出符合預期速度的節奏；較緩慢、平靜的音樂可協助緩和運動的進行。

持續跑步習慣的卡拉吉奧吉斯，本身就是這樣做的。當他做伸展和暖身操時，他聽的是菲瑞．威廉斯（Pharrell Williams）和大賈斯汀（Justin Timberlake）等藝人的快節奏音樂，而且也常常回顧青春期時流行的音樂，如麥可．傑克森（Michael Jackson），因為這會讓他想起自己身為運動員的養成歲月。跑步時他不聽音樂，但在做緩和運動時聽的音樂，他會換成爵士鋼琴家奧斯卡・彼德森（Oscar Peterson）或聽一些邁爾士・戴維斯（Miles Davis）演奏的樂曲。

不過音樂跟所有工具一樣可能被誤用，進而妨礙表現。舉例來說，許多運動員即使參與的運動不允許競賽期間播放音樂，也會在訓練時聽音樂。跑步就是一個例子：重大比賽進行時，禁止參賽者戴耳機，因為這有違「按照場上情況做練習」的基本原則。卡拉吉奧吉斯也看過太多運動員聽著不盡理想的播放清單；比方說，許多人在鍛鍊時會聽同一位藝人的所有專輯，即使前一首歌和後一首歌的節奏和情緒關聯迥然不同；或者他看到有容易緊張或焦慮的運動員，在比賽前聆聽非常容易令人心生激動的刺激性音樂（如黑眼豆豆〔Black Eyed Peas〕），其實這時聆聽能提振活力、但比較不會令人感到不安的音樂（如謎樂團〔Enigma〕，或古典樂）可能比較好。

卡拉吉奧吉斯希望幾年之後，能更清楚地了解音樂如何幫助臨場表現。

我們至今所有的知識見解大多基於行為實驗，也就是讓人聽不同類型的音樂（以及有完全不聽音樂的對照組），執行不同的活動，並仔細地衡量、監測、對比。但這並未能替研究人員打開一扇窗，窺探大腦神經層面的情況，然而那卻是卡拉吉奧吉斯希望有一天能夠發現的。「我最終需要的，是可用在運動環境的功能性磁振造影（fMRI）[5]機器。」他說，「那將會真正地拓展這個領域，讓我得以回答這個亟待解決的問題。」他期望在2020年代能有這樣的技術。

聆聽《洛基》主題曲的人，跑得比較快

卡拉吉奧吉斯以《洛基》的配樂為激勵音樂的傑作，並非隨機提起的例子。有關激勵音樂的研究，一再提及《洛基》主題曲。以1995年的一項研究為例，2位研究人員找來幾組短跑選手，過去在60公尺短跑比賽的速度不相上下。不過在運動員開始起跑前，一組人只是安靜站立，另一組人則用耳機聆聽《洛基》主題曲，結果發現後者跑得比較快。他們的心跳較快，肌肉較緊繃，焦慮程度較低。只聽《洛基》主題曲1分鐘，就給了他們顯著且系統性的生理優勢。

這種現象促使我來到芝加哥郊區一幢大宅，迎接我進屋的是一位64歲男子。

他將黑髮前面的瀏海部分染成鮮豔明亮的紫色，身上穿著一件淡黃綠色的緊身T恤，外面套著緊身皮夾克，下半身是黑色酸洗牛仔褲以及訂製的紫色鴕鳥皮靴，脖子上則掛著

5. 一種新興的神經影像學方式，其原理是利用磁振造影，測量神經元活動所引發之血液動力的改變。

一條巨大的電吉他銀墜飾。他的打扮彷彿像是要去搖滾演唱會表演，但其實沒有什麼特別活動。他每天都穿得像搖滾巨星。「我喜歡鶴立雞群。」他如此形容自己為何雇用一位裁縫訂做皮衣。

吉姆．彼特里克（Jim Peterik）負擔得起自己雇用皮匠工人以及收藏在家的182把吉他，原因很簡單，他用餐廳外面的白色大鋼琴就能證明。他彈奏起一連串熟悉的重音和弦，這首歌叫〈虎之眼〉（*Eye of the Tiger*），1980年代在生存者樂團（Survivor）彈吉他和鍵盤的彼特里克，1981年和他們共同譜寫這首曲子。

當時生存者樂團已經錄製過幾張專輯，正在夜總會巡迴，但是生活過得很辛苦。

後來，彼特里克的電話答錄機收到影星席維斯．史特龍（Sylvester Stallone）的留言，對方正在幫《洛基3》（*Rocky III*）尋找主題曲。前兩部《洛基》電影採用比爾．康提（Bill Conti）的管弦樂配樂，康提也因此獲得一座奧斯卡獎。到了1980年代初期，史特龍想用搖滾樂當作配樂，希望更能吸引常看電影的年輕人。一位音樂製作人朋友播放生存者樂團早期的一張專輯給史特龍聽，他很喜歡那震耳欲聾的和弦及強烈的節拍。

史特龍將《洛基3》的前3分鐘影片寄給彼特里克和他的夥伴——生存者樂團吉他手弗蘭基．蘇利文（Frankie

Sullivan），裡面包含開場剪輯畫面，介紹大棒槌（Clubber Lang，由當時沒沒無聞的演員怪頭T先生〔Mr. T〕飾演）這個角色，並說明洛基是如何變得溫和又有錢，不再做訓練而是拍攝電視廣告。

那幾幕打算搭配皇后合唱團（Queen）的歌曲〈又擊敗一人〉（*Another One Bites the Dust*），但史特龍說服不了皇后合唱團同意授權。這2位作曲人不禁看著彼此，心想：「我們要如何超越？」

復健醫院也用來激勵接受治療的中風患者

彼特里克拿起吉他，開始跟著節拍器彈奏16分音符，他稱這種聲音為「嘀喀—嘀喀—嘀喀—嘀喀—」，意思是模擬人在興奮時的緊張心跳。他們不停觀看影片，想出不如把一連串和弦驟然變化，精準配合開場拳擊場面的出拳時間。之後，他們就停滯不前了，因為只看了3分鐘的電影，不夠了解故事而無法寫歌詞，於是他們懇求史特龍寄來完整電影，史特龍勉強同意了。

彼特里克和蘇利文看了完整影片，電影的關鍵轉折是洛基輸給大棒槌後，長期擔任洛基經紀人的米奇過世了。洛基在從前訓練的陰暗體育館中回憶反省時，他在前2部《洛基》電影的對手阿波羅．克里德（Apollo Creed）走進來，分析洛基為什麼會輸。「以前你打拳時，有一雙猛虎之眼，老兄，那真是銳利。現在，你得把它找回來，而把它找回來的方法，就是回到最初。」阿波羅說，「或許，我們可以一起贏回來。記得找回猛虎之眼，老兄。」

彼特里克和蘇利文開始運用這個電影片段寫歌詞。開頭的歌詞，蘇利文建議：「回到街頭，浪費時間，去冒險。」彼特里克對我解釋他是怎樣重寫的，並將那段擴展成：「起來吧，回到街頭，我曾虛擲時光，也曾冒險。堅持賽完全場，如今我重回街頭，只有孤身一人，和求生的意志。」

當時，彼特里克以慢跑鍛鍊健身，因此接下來幾天，他就繞著伊利諾州拉格蘭奇的社區慢跑，然後不時停下，從運動短褲裡拿出記事本寫下歌詞。

幾天後，生存者樂團在芝加哥的一間錄音室聚集，錄製試唱帶。結果，史特龍非常喜歡。

該樂團租了晚禮服參加1982年5月的好萊塢首映，但直到電影在家鄉德州拉格蘭奇市上映，彼特里克才發現這首歌有多麼成功。「那是《洛基3》排到院線上映的第二天，電影院裡面擠滿人，我獨自坐在後排。當那首歌響起，整個戲院有如一場搖滾音樂會。」

那首歌恰到好處，正好出現在恰當時機。

〈虎之眼〉登上第一名，並贏得一座葛萊美獎，獎盃就放在彼特里克家中樓上的錄音室。

生存者樂團因此聲名大噪，後來又推出一連串熱門歌曲：〈無法挽回〉（*I Can't Hold Back*）、〈為你痴狂〉（*High on You*）、〈燃燒的心〉（*Burning Heart*）、〈不再尋覓〉（*The Search Is Over*）。

在我訪問彼特里克時，〈虎之眼〉已有33年歷史，彼特里克試著解釋，它為什麼成為有史以來最有代表性的熱血勵志歌曲。

他駁斥全是因為搭上《洛基》的說法：從iTune在2001年問世以來，〈虎之眼〉下載次數已將近600萬次，彼特里克認為，如今購買這首歌的許多人年紀太輕，沒有看過《洛基3》。

他以學術理論家的論述主張，這首歌的吸引力在於本身的音樂性，而不光是和一部勵志電影的情緒有關聯。

彼特里克認為，該曲非比尋常的長前奏是關鍵。搖滾歌曲大多很快就跳到歌詞部分，但這首歌的前奏卻持續超過30秒，結合「嘀喀—嘀喀」以及強力和弦，給聽者一段時間醞釀，為接下來的歌詞感到激動與興奮。以掙扎、衝突、對抗為重點的歌詞，適用於對各種表現的追求。「那些是非常莊嚴的字眼。」他說。

如今的復健醫院會使用〈虎之眼〉來激勵接受物理治療的中風患者。他也得知某些執行長會在參加董事會會議前，聽這首歌。一名女性在《紐約雜誌》(*New York*)談到自己懷孕的文章中回憶，她要求醫師在進行人工授精當下播放這首歌，以激勵她的子宮能成功懷胎。

這位作曲者承認，如果知道〈虎之眼〉究竟是為什麼被列入那麼多健身運動的播放清單中，他就更有機會寫出另一首類似歌曲。

其實，史特龍也請彼特里克為《洛基4》寫主題曲，但〈燃燒的心〉這首歌，就沒有那麼風靡一時了。

「我就是無法複製〈虎之眼〉的成功要素。」他說，「我想那是一種魔法。」

邊聽音樂邊工作，效率更好？

相較於精神喊話之類的激勵工具，音樂有個明顯優點，那就是依照任務類別，說不定可在執行任務期間持續聽音樂，而不是只在事前聆聽。從事辦公室工作就是如此，適當的音樂類型，有助保持專注和維持精力充沛。

其實這並不是新概念。將近一個世紀前，工廠廠長最早開始嘗試用音樂提升工人的生產力，而這樣的靈感來自名為「泰勒主義」(Taylorism)[6]的科學管理運動，以及出現可在大

6. 十九世紀末期，弗雷德里克·泰勒(Frederick Taylor)提出的管理理

型場所播放音樂的電子公共廣播系統。初期，公司通常會播放活潑輕快的音樂，讓工人精神抖擻地工作。早在成為「背景音樂」的同義詞之前，Muzak公司就以製作給工廠播放的生產力提升音樂唱片，成功建立龐大事業。

到了二十一世紀，工作時聽音樂的方式又不一樣了，不再是由管理者挑選歌曲，而是由員工自己選音樂，且通常是用耳機播放。但這真能讓人工作更賣力、效率更好、更精準嗎？

答案是：看情況。

安內莉·哈克（Anneli Haake）在雪菲爾大學（University of Sheffield）取得音樂心理學博士學位，她的博士論文重點就是在辦公室環境中使用音樂。根據她自己的研究和其他人的研究，她建立起一個流程圖，可看出音樂究竟是否有助讓工作表現更好。她先從一個人的個性和喜好開始——這個人的個性是內向還是外向？（外向的人一邊聽音樂一邊工作效率較好；內向的人可能覺得聽音樂會令人分心）。這個人成長的家庭背景，常有音樂存在嗎？這個人對寂靜無聲的態度是什麼？她會覺得這樣安寧平靜，還是會抱怨環境「太安靜」？

論，藉由重新設計工作流程，對員工與工作任務之間的關係進行系統性研究，並透過標準化與客觀分析等方式，極大化效率與生產量。

接著她觀察情境因素。

即使最不會令人分心的音樂，比如從前不曾聽過也沒有歌詞的古典樂，就算聽者沒有打算聆聽，也會消耗一些「注意力容量」(attention capacity)。因此哈克觀察這個人有多少注意力容量，手上任務的複雜程度，對執行任務的熟悉度與信心等因素。若是其他條件都一樣的話，如果你的個性外向，不喜歡寂靜無聲，做的工作還是非常熟悉且擅長的，那麼音樂比較可能有幫助。如果你個性內向，喜歡像美國鐵路公司的安靜車廂，而且正在研讀的物理課目前成績是C⁻，或許你最好離iPod遠一點。

但是那樣的分析，卻忽略了一大因素：工作所在的聽覺環境。

如果所有人是在一個安靜得像圖書館的辦公室工作，音樂或許沒那麼必要。在我們「隔間化」的世界裡，戴耳機大多是為了隔絕其他令人分心的噪音，以及對同事發出「別打擾」的信號。

哈克的研究顯示，許多戴耳機工作的人可能被音樂打斷專注，至少會有輕微的干擾，但音樂干擾的程度卻不如環境噪音(換句話說，音樂是兩害之中較輕者)。哈克自己就是這樣的情況，由於她的個性多少有些內向，工作內容又有很多和寫作有關(複雜的任務)，所以她比較喜歡在寂靜無聲中的環境中工作。但如果在嘈雜的地方工作，她就會戴上耳機聽音樂。

鮮少有研究，探索什麼樣的音樂最能讓工人進入「心流狀態」(flow state)[7]，但至少有一些事例的經驗法則可參考：歌詞會耗損注意力，所以沒有歌詞的音樂比較好；熟悉的曲調可能讓你分神，因此不太熟悉的音樂是上選；耳機是必備，管理者若以為對整個辦公室播放音樂會讓員工更有生產力，那是在自欺欺人。「我在研究中發現的重點是，那必須是個人選擇。如果音樂不是個人選擇，其實可能會有負面影響。」哈克說。

想知道什麼歌曲是多數人用來振奮精神或達到專注的，最好的地方就是串流音樂服務Spotify的網站，上面目前有超過15億個用戶建立的播放清單。大部分清單適用於特定背景，有人建立播放清單是為了通勤，或者為了晚宴，又或者為了派對時刻。在一個大的類別中通常有多個子類別：比如在健身播放清單中，有針對走路、飛輪、慢跑、混合健身、肌力訓練、瑜伽等。

保羅・拉米爾（Paul Lamere）是Spotify旗下，分析用戶如何選擇音樂的子公司Echo Nest的平台開發總監。有一

7. 1975年由心理學家米哈里・契克森米哈伊（Mihaly Csikszentmihalyi）所提出的心理學概念，描述人類完全沉浸（專注）和完全投入於活動本身的一種振奮心智狀態。

天我坐在拉米爾的辦公室裡，請他找出振奮精神用的播放清單。那是他不曾想過的使用案例，於是他用電腦尋找。「我們有為打高爾夫播放的清單、有為踢足球播放的清單，所以，肯定會有人建立這個播放清單。」我建議他用「心理準備」（psych）或「精神振奮」（psyched）搜尋播放清單，他躊躇了好一會兒。「喔，好的。」他說，「有『更衣室精神準備』。有『精神振奮』。其實有很多。」他迅速匯集數據，找出最有可能列在精神準備播放清單的歌曲。清單絕大多數是1980年代的搖滾樂：邦・喬飛（Bon Jovi）、范・海倫合唱團（Van Halen）、Kiss樂團、毒藥樂團（Poison）、旅行者合唱團、克魯小丑樂團（Mötley Crüe）以及槍與玫瑰（Guns N' Roses），都有歌曲上了排行前20。

他對著清單思索。

在他的心裡，這意味著40歲的人在為健身選歌時，大多是選擇青少年時期的流行歌曲。他說，這些有振奮精神作用的好歌，倒不是因為歌詞，而是因為沉重有力的吉他彈奏和音符組成的高張能量。

就我來說，實在無法想像毒藥樂團的〈開口挑逗我〉（*Talk Dirty to Me*），是能幫我做好什麼事情的心理準備；但是從研究和事例來看，顯然適合做心理準備的音樂，是非常個人的選擇。

聽輕快的歌曲，建立自信

來看看一所東岸名校大學的高層行政主管說的一段故事。

2005年，他去一家大公司面試行銷長的工作，被要求針對該公司行銷策略，向執行長及10位高階主管進行簡報。在招聘流程稍早，他得知徵才範圍已經縮小到他和另一位人選，而且其實已經將這個工作機會給了另一個人，但對方拒絕，所以公司回頭找自己當第二選擇。「公司高層顯然有些人真的希望聘用我，還有一些人其實不想聘用我，於是他們找我做個簡報。」他回憶道。

簡報會議前他坐在停車場裡，播放為這一刻特別挑選的一首歌：凱西與陽光樂團（KC and the Sunshine Band）的〈搖滾舞鞋〉（*Boogie Shoes*）。「就是這種張揚輕快的1970年代迪斯可曲調，讓我在走進會議室時，稍微有一點自信。」他說起這首回憶中參加高中舞會時聽到的歌，助他成功完成簡報。

獲聘後，一名同事告訴他，從未見過有人像他那樣掌控全場。這位大學行政主管婉拒我說出他的姓名，因為他覺得這個故事頗難為情，但不管他在停車場裡隨著凱西與陽光樂團搖擺舞動看起來有多可笑，他將自己的亮眼表現，一部分歸因於這首非比尋常的振奮歌曲。

2000年代初期，艾美・珀爾穆特（Amy Perlmutter）工作所在的機構是政界人士想廢除的政府機關，但他們缺乏廢除機構的表決權。因此，每隔幾個月，她就被叫去參加氣氛緊張的會議，接受痛恨該部門的人批評。「那是個毫無勝算的荒唐處境。」她回憶道，「我必須給自己做好心理準備，才能去見他們，而我的方法就是播放電影《安妮》(*Annie*)的原聲配樂。我在辦公室裡跟著一起唱，也會試著讓工作人員跟著一起唱。」珀爾穆特記得最初選的歌，是像〈明天〉(*Tomorrow*)和〈加上笑容才算穿戴整齊〉(*You're Never Fully Dressed Without a Smile*)，只是因為歌曲樂觀活潑、昂揚明快，但隨著我們的談話，她回想起更具體的細節。她曾與一個高中好友在百老匯看過《安妮》，那是一段歷歷在目的溫馨回憶，或許也有助改善她在會議前的心情。「後來，我總是笑臉迎人、元氣滿滿地走進會議室，而且我認為局面之後也因此變得較友善也更正面。」

隨著音樂響起，腦海就浮現某人身影

4月底的星期一下午2點半，DJ康奈利走進芬威球場的製播室，為1小時後的打擊練習做準備。

康奈利留著一頭滑順的黑髮和長鬍子，身上是破舊的黑色高爾夫球衫和灰色格子褲。他站在山葉共鳴板[8]前，脖子

8. 木製的頂蓋，談話時會將聲音放大並傳遞到各個角落。

掛著黑色耳罩式耳機，在存有超過3萬5000首歌曲的筆記型電腦上點擊。他的面前是一扇敞開的大窗，一陣微風吹來，下方可看到紅襪隊選手聚集在打擊練習場周遭。

打擊練習進行幾分鐘後，他開始播放饒舌歌曲，如野獸男孩（Beastie Boys）的〈超級迪斯可舞曲〉（*Super Disco Breakin'*）。

這些歌曲很多都包含賭咒發誓的粗言穢語，因此康奈利頗費心思地刪除髒話，編輯出「乾淨」版本。他一絲不苟地記錄播放的內容，避免頻繁重複歌曲，同時還要注意選手的反應。今天的打擊練習，他們聽了包括傑斯（Jay Z）、墓園三人組（Cypress Hill）以及肯卓克·拉瑪（Kendrick Lamar）等藝人的19首歌。至於客隊，則是聽著電子琴音樂進行打擊練習。

雖然芬威球場的一些音樂安排，已經變得常規化，例如康奈利總是在比賽開始前15分鐘，播放電視節目《歡樂酒店》（*Cheers*）的前奏；進入第8局時則播放〈甜蜜的卡洛琳〉（*Sweet Caroline*），讓觀眾跟著一起唱。

然而康奈利很少考慮那些預先設定的選項，反而沉迷於找出適合比賽氣氛與時機的歌曲。他為雨天延賽，備妥一整個檔案夾的歌曲，包括〈又下起雨了〉（*Here Comes the Rain Again*）以及〈隱蔽的太陽〉（*Invisible Sun*）。他還準備了一首歌，以防有球迷從看台上伸手干擾比賽中的飛球：〈別亂伸手〉（*Keep Your Hands to Yourself*）；或是有球迷在比賽中跳進球場：〈該拿喝醉的水手怎麼辦？〉（*What Do You Do with a Drunken Sailor?*）。

今晚的比賽開始不久，就讓人看得不痛快。第一球投出後4分鐘，紅襪隊失掉1分；11分鐘後，落後3分。沒有音樂響起，因為沒什麼可讓主場球迷慶賀的。

隨著紅襪隊選手一一上場打擊，康奈利依序安排打者的上場曲。給特定選手播放特定歌曲的習慣，可追溯到1970年代，但根據《聖荷西信使報》（*San Jose Mercury News*）記者丹尼爾・布朗（Daniel Brown）記載的該項慣例歷史，是1993年西雅圖水手隊開始為每位選手播放上場音樂後，才迅速流行的。對於一些球星來說，音樂開場曲已成為他們身分象徵的關鍵要素：一代洋基球迷聽到金屬製品樂團（Metallica）的〈睡魔來了〉（*Enter Sandman*），定會想到終結者馬利安諾・李維拉（Mariano Rivera）從牛棚走出來的登場畫面。

選手挑選上場音樂的動機各不相同。康奈利記得有個選手用麥莉・希拉（Miley Cyrus）的歌曲，因為會讓他想起女兒，他將球場上的成就和給予家人好生活建立起連結。有些選手不太在意音樂，任由康奈利播放他喜歡的歌曲。康奈利記得救援投手安德魯・米勒（Andrew Miller）始終沒有表達對歌曲的偏好，直到康奈利拿強尼・凱許（Johnny Cash）的歌曲〈上帝將會懲罰你〉(*God's Gonna Cut You Down*)片段給他聽。隔天,從更衣室打來一通電話:米勒同意這個選擇。

如果康奈利要挑選自己的上場音樂,他會選寂寞孤島樂團(Lonely Island)的〈我在船上〉(*I'm on a Boat*)的開頭。有時選手會徵詢建議,在我拜訪的那晚,紅襪隊重砲打者大衛・歐提茲(David Ortiz)自己選了兩首歌,並吩咐康奈利幫忙選第三首,康奈利選了瑞克・羅斯(Rick Ross)與傑斯合唱的〈魔鬼是謊言〉(*The Devil Is a Lie*)。康奈利注意到當歐提茲走向本壘板時,頭也跟著歌曲擺動,很顯然這首曲子要保留起來。

隨著球賽進行,康奈利不斷思考可能適合情境的歌曲。第4局上半,紅襪隊落後,藍鳥隊壘上有兩人,氣氛很緊張。打者企圖短打,卻打到球的下方,球朝三壘方向飛去而形成場內飛球。紅襪隊三壘手做出精彩的縱身飛撲接球,觀眾開始高聲歡呼,不到一秒鐘,《超人》(*Superman*)主題曲透過廣播系統響起。觀眾瞬間認出這首歌,並與那超級英雄般的接球美技產生連結,場邊喧鬧聲隨即明顯升高許多。隨著音量增大,這股歡呼聲花了更長時間才漸漸減弱。那正是康奈利渴望達到的效果。康奈利看著下方觀眾,露出滿意的微笑。

「我坐在這裡,等待著那些時刻。」

藉由歌曲幫助，進入「心流狀態」？

第8局，紅襪隊以4比5落後藍鳥隊。康奈利播放〈甜蜜的卡洛琳〉，在副歌時調降音量，讓觀眾的聲音取代歌聲。等康奈利關掉音樂，觀眾依然起立歌唱。即使在寒冷的夜裡，恰如其分的歌曲，也能喚醒觀眾的活力。

突然間，球場上的選手似乎也甦醒了。紅襪隊以一支一壘安打展開攻勢，康奈利隨即插入雷蒙樂隊（Ramones）的〈閃電戰波普〉（*Blitzkrieg Bop*）。第二名打者也敲出一壘安打，隨後藍鳥投手的一次暴投，讓跑者前進到二、三壘；康奈利立刻播放〈野東西〉。投手故意四壞球保送歐提茲，造成無人出局，滿壘局面。下一位打者敲出高飛犧牲打，打下追平分；康奈利播放傻瓜龐克（Daft Punk）的〈再來一次〉（*One More Time*）。這一局結束時，他接著播放芬蘭DJ達魯（Darude）的電音歌曲〈沙塵暴〉（*Sandstorm*），這也是紅襪終結者上原浩治的登場曲。

在那晚稍早，康奈利指著共鳴板上的音量控制，表示他不打算將音量推高到某個界線之上。但隨著分數追平，終結者走向投手丘，進入第9局，此時綠燈閃爍的位置明顯高於那個閾值。

9局上，藍鳥隊三出局，沒有打下任何分數。

接著製播室裡上演一場短暫辯論。落踢墨菲（Dropkick

Murphys）的〈我要運送到波士頓〉（*I'm Shipping Up to Boston*）本來是紅襪終結者強納森・派柏邦（Jonathan Papelbon）的登場曲。派柏邦在2011年球季後轉到費城人隊，這首歌就從芬威球場撤下。不過紅襪隊在1、2年後決定收回，如今康奈利只在比數非常接近的第9局，才會播放這首撼動人心的重要歌曲。

由於分數是平手，康奈利和主管判定這個情況下有必要用上落跑墨菲的招牌曲，製播室外的3萬4769名觀眾隨即起立歡呼。

9局下，游擊手山德・柏格茨（Xander Bogaerts）在一出局時擊出一壘安打。接著萊恩・漢尼根（Ryan Hanigan）再擊出一壘安打，康奈利播放蒙蒂爾・喬丹（Montell Jordan）的〈這是我們的作風〉（*This Is How We Do It*）。穆奇・貝茲（Mookie Betts）在一、二壘有人的情況下，擊出中間方向安打，拿下超前分和最後的勝利。紅襪隊在貝茲繞過二壘時蜂擁而上，康奈利按下按鈕，讓廣播系統高聲播放〈髒水〉（*Dirty Water*），這是紅襪隊主場比賽贏球時的必播歌曲。

或許幾年後，柯斯塔斯・卡拉吉奧吉斯就能將一台fMRI機器推進這座球場，進行科學性的A/B測試[9]，看看選手

9. 運用統計學的假設檢定（Hypothesis Testing），將兩個變項進行測試比較，以得出哪個變項效果更好。

在聽了不同歌曲後，或在完全沒有音樂下，打擊、守備、投球的表現如何。屆時，我們就能從研究人員和從業人員身上獲得一些資訊。

我們可以思考究竟是音樂節奏還是情緒聯想，更有可能讓人們感到興奮或平靜。也許我們可以藉由歌曲的幫助，幫助我們離神奇的「心流狀態」更近一步。

如果失敗了，不妨大聲播放〈虎之眼〉！

CHAPTER 5

信心之鑰

——應該仰賴意識及潛意識，

還是交給直覺？

約翰・奎因（John Quinn）是西點軍校袋棍球[1]隊的候補守門員，正坐在一張封閉的蛋形椅裡，聽著一段精心製作的錄音，內容是講述他有多厲害。

從椅子裡傳來重金屬搖滾樂隊AC/DC的歌曲：〈一網打盡〉（*Shoot to Thrill*）的前奏。接著旁白解說員開始講話：「時間是現在，地點就是這裡。我從這裡開始讓比賽水準更上一層樓。我一路以來付出許多代價，贏得站在這裡的權利。現在，對我來說重要的是，保持活力充沛和一點點的惱火。」

當奎因聽著錄音時，袋棍球隊的運動心理學家納特・津瑟（Nate Zinsser）在影像顯示螢幕前，觀看他的生理回饋數據。

之前的4次預約會談，津瑟和奎因談論他從事袋棍球運動簡歷，他在高中校隊生涯的精彩時刻，他的長處和弱點與需要改進的技能。津瑟高中時期曾是袋棍球隊副隊長，如今在西點軍校的表現精進中心（Center for Enhanced Performance）任職，他利用那些對話寫下這段針對個人的10分鐘激勵錄音腳本。錄音中的旁白配音員，是西點軍校為此特地聘用的。今天是奎因第一次聽到錄音。

專屬奎因的錄音還在繼續播放：「從此以後，每當想到

1. lacrosse，一種使用頂端具有網狀袋子的長棍作為持球工具的團隊球類運動。

打袋棍球，就會想到我的球技有多厲害。我同意就算是全世界最優秀的守門員，有時也會讓一些球射門得分，但他們不會為此煩惱。他們將每個錯誤看成是一時失誤，是有限且罕見的失誤。當我誠實地審視自己，腦海浮現許多自己表現精采的時刻以及太多我真正擅長的技法。大三那年對上紐約州冠軍西伊斯利普隊，我有15次救球；我還成功阻斷了史密斯敦隊的強攻。每當遇到困境，我就提醒自己，我是一支過關斬將的球隊裡舉足輕重的選手——這困境是衝著我來的，也是衝著我們這支球隊而來的！」

幾分鐘後，奎因臉上掛著笑容從蛋形椅站起來。「我腦海裡浮現許多想像。」他說，「我彷彿看到自己把球扔出去，或看著對方的射手迎面而來。在進入美好記憶的部分時，我完全沉浸其中。我集中精神，希望能夠把美好的部分全部記起。」

進入高績效領域

津瑟囑咐奎因將這段錄音下載到手機，並在每次練習和比賽前聆聽。奎因說，他也會在睡前播放。

這位62歲的心理學家身材精瘦，滿頭灰髮的髮際線漸漸後退。在每個整點，都有像這樣的預約，大多是跟大學運動員，但也有軍校生希望學會一些技巧，好在學業、軍職或是人生中有更好的表現。他給予一對一諮詢的數量非常驚人，以袋棍球隊為例，津瑟估計他幫先發守門員進行的個別諮商工作就超過50小時；而在走廊另一端的辦公室，另外2位博士正對其他陸軍團隊成員進行類似工作。

津瑟的辦公室牆上有一張照片，讓他回想起當初對運動心理學感興趣的時刻。照片中的他是個123磅（約56公斤）重的高中摔角選手，正站在他剛打敗的對手旁邊。在那場重要比賽中，津瑟在只剩16秒時仍處於落後，這時他進入一種「異變狀態」——一種感受不到肉體疲憊，全神專注的巔峰狀態。他覺得時間變慢了，而且突然渾身是勁，他能夠壓制對手並贏得比賽（他最終贏得一座州冠軍）。津瑟在二十多歲時輾轉從事一連串的教練工作，之後找到人生目標——幫助其他人學習進入高績效領域，那是他在從事摔角運動時發現的。

他在維吉尼亞大學（University of Virginia）取得運動心理學博士學位，師從心理學技巧享譽高爾夫球界的鮑伯·羅特拉（Bob Rotella）。津瑟1992年在賓州一所州立大學任職時，被西點軍校徵募。軍校生稱他為「Z博士」，他若不是在處理軍校生的事，就是和職業運動員合作（他的辦公室牆上有許多「謝謝你」的簽名照），還有練習武術。

西點軍校在1980年代末期開始涉足運動心理學，當時一位美式足球教練認為，更充足的心理準備，或許能幫助陸軍球隊中負責射門的球員，在最後關頭更妥善處理面對比賽致勝球的壓力。在津瑟指導下，這項課程擴大展開。如今表現精進中心提供輔導工作，與研究技能與表現心理學的課程，但大部分的工作都類似津瑟對候補守門員花了1小時所做的事——教導軍校生利用想像、學習放鬆技巧、給予肯定以及運用其他方法建立信心，並專注在可能幫助比賽日表現的想法。

午餐之後，津瑟遇到一位西點畢業生，對方現在是陸軍上尉，剛從伊拉克及阿富汗巡防回來。這位上尉教授軍事學，但瘋狂沉迷於運動鍛練，幾個月後他將前往一個祕密地點，參加他含糊形容為「特種任務選拔」的活動。從談話中，我們漸漸明白他想加入陸軍三角洲部隊，這個特種作戰單位十分隱密，軍方甚至拒絕正式承認其存在（有鑑於保密和特種部隊隊員偶爾遇到的威脅，我選擇不透露這位軍官的姓名）。

由於這位上尉準備參加的選拔過程，會淘汰掉大部分士兵，所以他聆聽自己的激勵錄音，那也是津瑟製作的。

以謎幻樂團（Imagine Dragons）的歌曲〈放射能量〉（*Radioactive*）為背景音樂，錄音開始了：「我有機會往前一大步，實現成為三角洲部隊隊員的夢想。」錄音將士兵的自我認同，強化為「我是堅持不懈、吃苦耐勞的人，可完成任何事，當然任何任務或職責的首選軍官也能勝任。」重點集中在他如何管理自己的時間，好在未來幾個月達到體能巔峰，以及如何增進領導技能，並以正確飲食讓身體做好準備。

這位上尉反覆聽著這段錄音，做好心理準備迎接選拔流程，他想像身體愈來愈強壯，並想像站在三角洲部隊新兵的前列，奮力完成培訓課程。「我只相信一點，現在付出努力，就可不再擔心自己是否夠努力，只管去做就對了。」他說。

曾經，和心理學家合作被視為軟弱

利用正式上場前的時刻，盡量調降感受到的過度焦慮，是極為有用的，就像影山諾亞在茱莉亞學院教導學生在試演前做的一樣。但要真正充分利用正式上場前的最後時刻，降低焦慮感是不夠的，還要**建立積極正面的情緒**，比如給自己信心、自我效能感以及力量，運動心理學家為此花費數十載，試圖研究出最好的辦法。

這個領域的根基，在美國中西部一所大學的實驗室。柯曼・葛菲斯（Coleman Griffith）在愛荷華州長大，大學時期打過棒球，後來獲得伊利諾大學（University of Illinois）的心理學教授一職，1925年創立體育研究實驗室（Research In Athletics Laboratory）。他出版的書籍和論文包括1926年的《教練心理學》（*Psychology of Coaching*），內容涵蓋教練如何幫助運動員在賽前達到「興奮狀態」的入門介紹，比如對團隊批評對手的不正當手法，用人身攻擊羞辱選手，回憶選手過去的成就來鼓舞他們，或找校友來替他們加油打氣。

如今葛菲斯被稱為運動心理學之父，但從他早期的研究起，直到如納特．津瑟等現代從業人員的努力嘗試，發展路線不完全是直線的。1930年代初期，伊利諾大學抽走了葛菲斯實驗室的經費，葛菲斯的研究因而終止，所以沒有研究生追隨他的腳步。到了1936年，擁有職棒球隊芝加哥小熊隊的口香糖大亨菲利普．瑞格利（Philip Wrigley），邀請葛菲斯到這支棒球隊，應用他的心理學技巧。

葛菲斯建議修改球隊的例行練習程序（如教練進行內野練習時，應該縮短距離，以改善守備員的反應時間）。不過球隊上下都不怎麼理會他的建議。「棒球選手和大學教授之間，幾乎是立刻出現了文化衝突。」歷史學家克里斯多福．格林（Christopher Green）寫道。這種緊張情況在葛菲斯和球隊總教練（他戲稱葛菲斯為「精神病醫師」）之間尤其嚴重，葛菲斯認為對方妨礙他的工作還惡意抨擊。葛菲斯的概念很少被落實，他在小熊隊的聘用期也持續不到2年。除了研究實驗室被迫終止，以至於無從訓練下一代的研究人員，葛菲斯沒能幫上小熊隊，也是運動心理學未能立足生根的另一原因。

這個領域直到1960年代中期都維持大致靜止的狀態，該學科的第一份學術期刊直到1970年才出現。從此之後，這個領域間歇性地有零星進展（其中一例：美式足球隊聖地牙哥電光隊於1973年聘請一位精神科隊醫，卻發現他開類固醇和安非他命給選手）。但是1980年代，運動心理學家開始定期為美國奧運代表隊諮詢；到了1990年代，一些參加全美大學一級籃球錦標賽的頂尖大學球隊，都有心理學家跟大學代表隊的運動員合作。

不過，即使是菁英運動員，也依然有許多人完全沒有接受過津瑟及其同行教授的技巧訓練。有些時候，和心理學家合作仍會被汙名化，因為這多少代表著軟弱或患有心理疾病。有些團隊運動的總教練認為，比賽的心理部分也在他們的權限範圍，所以不願將權力交給外來者。通常運動員、家長或學校缺乏資源提供給運動心理學家。那些人即使願意付錢，可能也很難找到合格的專業人士。根據美國應用運動心理學家協會（Association for Applied Sports Psychologists）的線上名錄，該協會也僅有390位合格會員。因此，運動心理學是個有強大工具儲備的學科，但廣大的運動員族群卻大多仍一無所知。

為何許多明星運動員，都很自負？

84歲的尼克・波利泰利（Nick Bollettieri）指導網球運動超過60年了。他教過的學生名冊裡有10名曾經登上世界排名第一的選手，包括安德烈·阿格西（Andre Agassi）、鮑里斯·貝克（Boris Becker）、莫妮卡·莎莉絲（Monica Seles）以及大、小威廉絲（Venus and Serena Williams）。無論如何，波利泰利都可以退休，並與他現任的第8任妻子享受人生。

但是他的清晨時光卻大多從6點開始，在佛羅里達州布雷登頓市的一座網球場旁，以每小時900美元的費用授課。這個球場是IMG學院校區數十個球場之一，整個校區是面積500英畝的菁英運動員訓練中心。波利泰利於1978年設立這個機構，原先是以網球教學為主的寄宿學校。9年後，他將學校賣給代理過滑雪選手琳賽·沃恩（Lindsey Vonn）和美式足球四分衛培頓·曼寧（Peyton Manning）的運動經紀公司IMG，而IMG又擴展到新的運動。如今IMG學院有超過1000名學生，每位學生每年支付7萬2000美元的費用住校，接受高爾夫、網球、美式足球、袋棍球等各種運動的訓練。

對運動迷來說，那是一個令人流連忘返的地方。繞著網球場漫步，觀賞18歲以下全球排名第四的年輕選手強力發球；在高爾夫球練習場上，去年的美國女子公開賽冠軍，正在教練的監督下推擊長鐵桿。雖然IMG最負盛名的是將有潛力的年輕選手培育成職業運動選手，但其實也幫助許多運動員準備大學比賽：在我碰巧到訪那天的早課，32名IMG

學生簽下承諾書，進入以體保生方案招攬他們的大學。

除了最先進的體能訓練和營養學建議，IMG的學生還得益於一個致力於「心理教練」的9人小組。這個規模的小組，讓IMG成了該領域舉足輕重的要角；小組成員曾為各種職業運動團隊效力（尤其是棒球），而且過去10年訓練出數十位心理學家，如今也跟海軍海豹突擊隊及其他軍方部隊合作。

在網球場的課程休息時間，波利泰利認為心理訓練一直都是一位優秀教練的份內工作。他提到據說是他的老朋友文斯・隆巴迪（Vince Lombardi）說的一句話：「我們沒有輸掉比賽，我們只是沒有時間了。」他說，這透露出優秀運動員普遍養成的信心和樂觀心態。「我們應該從一個人投入的努力去判斷，而不是從結果判斷。」波利泰利對我說，「但現在的情況卻是根據孩子所獲得的成績來評分，這是錯的！記分板或許會根據分數說你輸了，但如果你已經竭盡所能去做了，你就贏了。」

無論學習這些經驗教訓是從IMG的心理學家、西點軍校的優異表現心理學課程（Psychology of Elite Performance，PL360）、閱讀《傻瓜學運動心理學》（*Sports Psychology for Dummies*），還是更為深入複雜的教科書（吉恩・威廉斯〔Jean M. Williams〕的《應用運動心理學》〔*Applied Sports Psychology*〕就是大多數專業人士向我推薦的教科書），基本原理都是一樣的。大部分的用意都是教導選手提升信心和注意力。因此，心理學家教導的技巧包括自我對話、心理排練以及想像。

我們都看過全美大學一級籃球錦標賽的比賽中，觀眾在玻璃擋板後揮手鼓譟，企圖打擾罰球的選手。傑出運動員被教導要無視這些不相干的刺激與干擾，只專注在手上的任務。心理學家則將注意力動作（attentional task）區分為「狹隘」與「廣泛」，前者如棒球打者追蹤投手投出的球，後者如四分衛在決定傳球方向前先環視整個球場。他們還區分出「外部動作」和「內部動作」，前者通常涉及其他選手或比賽情況，後者則發生在腦袋之中。心理學家可以提供具體訓練，提升運動員使用不同類型專注力的能力，並讓運動員在環境改變（如客場比賽時，面對不友善的觀眾）或表現的相關風險增高時，仍能保持專注。

執行罰球的選手無視干擾的能力，與信心有關，因為他的專注程度有部分取決於對即將投出的球有多少把握。事實上，研究顯示**信心和表現有直接關聯**，這也是為什麼許多明星運動員會給人一種自以為是的感覺。雖然運動心理學家並未試圖培養傲慢自負心態，但他們教導運動員「記住成功」，並為成功辯解，確實是有計畫地盡量為他們灌輸信心。

這些以心理學建立信心的做法，大多集中在自我對話，也就是我們腦中的內在對話。許多人會有自我批評、消極、悲觀的傾向，而運動心理學家則會教導**思考中斷**（thoughtblocking）技巧，設法加以避免，或是以提示和肯定，在賽前或比賽期間集中精神。有時候，這些技巧可能有點像1990年代《周六夜現場》（*Saturday Night Live*），艾爾．法蘭肯（Al Franken）飾演斯圖亞特．斯莫利（Stuart Smalley）的角色台詞：「我夠好，夠聰明，而且該死的，大家都喜歡我。」即使感覺有點可笑，數十年的研究卻證明這方法有效。

心像練習

如果積極正面的自我對話是一段聽覺的錄音，**心像**（mental imagery）和想像則又更進一步，包含了所有感官，就像運動員在行動前想像成功的模樣。優秀高爾夫球選手通常在打每一球之前都會先想像，有些會故意想像一個看起來超大的洞，讓推桿顯得更容易。從事必須快速移動的運動，一般人會事先想像，排練重要時刻。一位運動心理學家告訴我，1988年的奧運，美國田徑選手曾有機會在比賽前一天到運動場館練習，只是大部分選手拒絕了，寧可在飯店休息。但艾德溫．摩西（Edwin Moses）卻一絲不苟地巡視過更衣室，在跑道架起跨欄，然後就像正式比賽時一樣，小心翼翼地脫下運動外衣，再繞著跑道走，反覆再三想像自己希望可以怎樣表現。

在IMG學院或其他地方，如何教導學生這些技巧，具體細節會因教練不同而異，流程也會根據運動項目而變化。自我對話對從事移動速度較慢的運動項目來說特別重要，如高爾夫，選手在每次揮桿之間會有很多停頓時間，腦海會浮現一些正面或負面想法。在團隊運動中，自我對話和專注的訓練可能側重在團隊動能，比如避免分心，或避免拿自己跟隊員比較而出現負面心態。

運動心理學的許多概念，呼應賓州大學心理學家馬汀·塞利格曼（Martin Seligman）於1990年代倡導的正向心理學運動原則。除了強調諸如樂觀主義和信心等特質，正向心理學和表演心理學的共同精神就是，人人都可以、也應該從這些「精進」技巧中受益。這與傳統的臨床心理學相反，臨床心理學致力於治療適應不良或精神官能症行為。這是IMG避免使用「心理學」的各種衍生字眼，而稱之為「心理教練」或「心理調適」的原因之一。

IMG的運動及個人發展總監大衛·赫賽（David Hesse）原先在一家英國管理顧問公司工作，而後辭職研讀運動心理學。在企業內部工作的那段時間，讓他確信自己在辦公室裡教給世界級運動員的技巧，在運動領域之外的世界也同樣效果良好。「這些工具適用任何一種高績效活動，無論你是在急診室、法律事務所、法庭或會議室。」他說，「我們都是生物，天生具有『戰鬥或逃跑』的反應，即使身處在企業環境中也一樣，這些工具絕對有幫助。」

每場演說，都用標準的自我介紹開場

如果你參加的研討會正好有強納森・詹金斯（Jonathan Jenkins）演講，你大概會注意到他表現得既鎮定又自信，看起來像是發表過幾百次相同的談話了，只不過今天的演講主題是特地針對這次活動，他不可能直接重複舊演說。你可能注意到的第二點則是，他開始演說5分鐘左右，內容似乎驟然轉向了。

詹金斯的開場白是自我介紹，有時似乎跟議程列的主題不是特別相關。他會談起自己在德州的童年，和原本的人生目標是當個牛仔（他常展示童年時戴著西部牛仔電影《獨行俠》〔*The Lone Ranger*〕主角面具的幻燈片）。接著他提到12歲時住院治療、休養到康復期間，反覆閱讀一本有關中國的書。他因為那本書而想去中國生活，於是念完大學後，向父母要了一張前往北京的機票。他在中國住過幾年，後來創立一家如今叫做OrderWithMe的公司，幫助小公司和大型連鎖零售業者競爭。

等到講述完個人故事後，他才會進入當天演說的具體訊息，只是有時轉場轉得流暢，有時則有點突兀。

身為新創公司執行長，簡報對詹金斯的工作來說十分重要。他曾對數十位創投業者推銷自己的公司，成功籌募到數百萬美元資金；也常為產業研討會發表主題演講。平均下來，詹金斯一個星期就得做一次演講。他認為觀眾少於100人算是「小團體」，除非超過1000人，否則不算「大型演說」。

詹金斯也極為忙碌，他撰寫演講稿的時間有限，也沒有太多時間排練。於是他發展出一套獨特技巧，那就是幾乎每場演說，**都用標準的自我介紹開場**（精心雕琢後背誦下來用上幾百次的一套說詞）。因此詹金斯在演說的最初幾分鐘不用去想到底該說什麼，不須知道什麼時候要為了效果或觀眾的反應而暫停。就像卡車司機變換車道，或護士量測體溫，他做的是只是**習慣成自然**的事，根本不須積極思考。他可以靠著如自動駕駛般的系統進行演講，在進入演講的客製內容部分前，沒有一絲緊張焦慮。可是到了這時，他已經贏得觀眾的喜愛。

「我會從說自己的故事開始。」詹金斯說，「我猜我獲邀到活動上演講，應該是我的背景或過去有點什麼，讓我有資格站在那裡演說，所以演說的第一部分永遠是盡量和觀眾建立個人連結。」由於自我介紹的開場已奠定基礎，讓他有信心在台上講述一個他十分熟悉的故事。

標準化的開場並非詹金斯身為演講者的唯一優勢。他的祖父是位南方傳教士，詹金斯10歲時，祖父就要他固定在集會時演講，與會人數通常在200人左右。雖然還在上小學，詹金斯卻學會判斷和抓住觀眾的興趣，並將公開演說當成說故事的好玩機會。等上大學時，他已經能在有幾百雙眼睛盯著的情況下，十分從容自在地站在講台上。

這時各位讀者可能會說：「等等，你在說的明明是刻意練習，而不是做心理準備。強納森・詹金斯演說精彩，是因為他花了幾萬個小時去做這件事，而不是他在上台前最後幾分鐘做了什麼事。」

我欣賞各位的懷疑精神，這確實有道理。詹金斯是位熟練的演說者，而他的標準開場白要不是做過太多次，也不會起效果。

但他的故事依然可歸入本書的內容，因為他找到一個方法來增加信心，即便是對著1000人演講，即便是演說中大多數人會極為緊張的部分——**開場**。他將一般認為會極度耗費心力的工作，變成一件能夠輕易靠記憶而背誦下來的事情。

想太多為什麼會引發問題？

諾貝爾經濟學獎得主丹尼爾・康納曼（Daniel Kahneman）將人類的認知運作分為兩種截然不同的模式，他稱之為「系統一」和「系統二」。「系統一自動且快速運作，幾乎不費什麼力氣，人們也不會感受到那種自動控制的感覺。」康納曼在《快思慢想》（*Thinking, Fast and Slow*）寫道，

「系統二則將注意力分配給需要費力的心智活動。」

對大部分人來說，做一場有高度利害關係的演講，是屬於系統二的心智活動。但是將某種無意識的東西嫁接到每次演講的開端，詹金斯就能有效地將開場轉化為屬於系統一的自動執行任務。

對於處在緊張情境下的人，除了「放鬆」和「鎮定」之外，另一個標準建議就是「不要多想」。這個建議有道理，因為很多時候想太多（或是以系統二運作）只會引發問題。在這些情況下，最好想辦法轉變為系統一，以自動駕駛進行。

祥恩·貝洛克（Sian Beilock）花了20年，研究「想太多」何時、如何以及為什麼會引發問題。這是她十多歲時親身經歷的課題。15歲時，她是美國青年足球奧林匹克發展計畫（Youth Soccer Olympic Development Program）的足球守門員，這個計畫是能將她領至奧運殿堂或世界盃賽事的路徑。有一天，奧運總教練就在她防守的球門後方觀看，她覺得自己的大腦運作變得不一樣了。「我覺得一股不自在。」她回想，「我完全崩潰了，被對手踢進2球。」她的奧運足球夢，就在那個下午結束了。

不過，洞悉自己的大腦在壓力下似乎運作方式不同，卻讓她找到學術生涯的起點。大學時期，她攻讀認知科學；之後繼續在密西根州立大學取得心理學和運動科學博士學位。後來她前往芝加哥大學（University of Chicago），在那裡的研究大多會用到複雜巧妙的數學測試以及MRI機器。

貝洛克的學術研究生涯早期，對兩個理論特別感興趣：人為什麼在壓力下會舉止失措，與這些力量在不同種類的任務下如何發揮不同作用。

正如她在碩士論文裡的分析，有些人認為分心干擾，是在壓力下失敗的罪魁禍首。他們沒有將注意力和焦點放在手上的任務，而是任由專注力被無關任務的信號削弱。然而其他人看到的正好是截然相反的現象，認為真正的元兇其實是堂而皇之的監督：你敏銳地察覺且過度關注自己在做的事，結果反而把事情搞砸了。「自我意識」這個說法形容得很恰當：「**你對自己的意識太過強烈。**」

貝洛克尤其著迷的是，在不用多思考的「程序化」活動與需要用到工作記憶的活動，這兩股力量是如何作用的。一個大量練習過高爾夫球的人可能有程序化的推桿動作，可以靠著「自動駕駛」進行。對這個人來說，在一次推桿上想太多是壞事。另一方面，複雜的數學題需要用到工作記憶，所以過度思考是好事，靠「自動駕駛」可能就會出問題。

就像貝洛克在2010年出版的書《搞什麼，又凸槌了?!》（*Choke*）寫的：「關鍵是腦力由你支配，但能在確定不利的情況下『將之關閉』。」她寫道，凸槌、失敗通常是「對自己在做的事情賦予太多注意力，或是沒有將足夠的腦力專用於任務」的結果。

貝洛克的研究清楚說明，做好正式上場的心理準備有一個重點，就是**判斷這項任務究竟屬於應該做思考，還是應該靠直覺**。或者用康納曼的表達方式，這個活動應該利用系統一還是系統二？職業高爾夫球選手應該靠直覺推桿；而高爾夫球新手還沒有練習推桿幾千次，每次推桿就需要多思考。

綜合強納森·詹金斯和祥恩·貝洛克的研究，說明心理準備有一個部分是許多人不曾思考過的：「**正式上場前的重要時刻，得先判定究竟是打開大腦還是關閉大腦才能做得更好，再依此繼續進行。**」

一個普通字眼，就能影響臨場表現

聆聽激勵錄音並重複正面肯定，並非正式上場前灌輸信心的僅有方式。還有其他方式可在潛意識啟動這些情緒，而且研究顯示只要看一眼照片就能完成。

舉個例子，蓋瑞·萊瑟姆（Gary Latham）在多倫多大學的辦公室牆上懸掛的一張圖片。那是一幅撐竿跳選手正試著跳過一道橫竿的大海報，畫面下方有一行字：「如果一開始不成功……」這張海報是25年前，萊瑟姆的一位同事當上系主任時送他的。萊瑟姆掛到牆上後就把它拋到腦後了，他從未想過這幅平凡無趣的圖像，可能讓他工作表現得更出色。不過這10年來，他做的研究顯示，這張普通的海報或許能幫他進入正確的表現心態。

萊瑟姆是組織心理學家，花了超過40年研究如何設定有意識的目標並努力實現。在萊瑟姆進行研究時，另一派迥然不同的研究卻令他憤怒，讓他打算加以駁斥。

這項研究涉及名為**促發**（priming）的概念。耶魯大學（Yale University）心理學教授約翰．巴吉（John Bargh）是該領域最知名的研究人員，他將「促發」定義為：研究「個人心智表徵的暫時啟動狀態，與這些內在準備如何與環境資訊互動，以產生感知、評價，甚至是動機和社會行為。」

這樣的解釋確實複雜難懂，但如果見識過該領域的實驗，就很容易理解了。許多實驗都會請受試者回答簡單的字謎，透過微妙的選字，試著從潛意識操縱受試者的心智狀態，使他們傾向於以特定方式做出行為表現。以1996年一場著名實驗為例，巴吉和幾名同事給一組受試者一個字謎，主要包含有「粗魯」「無禮」「討厭」（以及許多與主題無關的其他字眼）之類的字眼，另一組受試者的字謎則是以「友好」「有耐心」「欣賞」等字眼為主（第三組則以中性字眼促發）。接著，他們讓受試者逐一進入一個情境，等候某個正和第三人對話的人給予指令，並測量每個受試者會等待多長時間才打斷對話。他們發現以「粗魯」促發的人，打斷對話的時機，遠比以「禮貌」促發、或完全沒有被促發的人早上許多。

在同一個研究中，巴吉以「佛羅里達」「皺紋」「老邁」

之類的字眼促發一群受試者，之後測量每個人離開實驗走到走廊所花的時間，並與對照組做比較。結果，以暗示「年邁」的字眼促發，會讓人走得比較慢，彷彿他們也突然變老了。

萊瑟姆記得在閱讀巴吉的研究時，心裡想著那都是「不折不扣的胡說八道」。萊瑟姆認為意識引導行為，而那些莫名其妙的潛意識說法，跟1950年代騙人的實驗一樣可疑。據說當時的實驗指出，在電影播放途中瞬間插入爆米花和汽水的潛意識廣告，會讓觀賞電影的人買更多爆米花和汽水（後來被人揭發是一場騙局）。儘管萊瑟姆不以為然，但是促發的研究到了2000年代初期卻大行其道。巴吉備受專家讚譽，萊瑟姆則看著大批湧入的年輕研究生對促發的力量深信不疑，於是他擬定一套計畫，要證明促發根本就是鬼扯。

不同於以前的研究是在實驗室進行實驗，萊瑟姆決定在實際的工作場所尋找促發的證據：一所大學的客服中心，工作人員打電話向校友募款。他的研究團隊給81名員工一個資訊包，概略描述當天要打的電話，但其中一些資訊包和其他人不一樣。有一組的資訊包裡有一張激勵照片，是一名跑者衝過終點線。研究的用意是要了解，只是看一眼代表「成功」的照片，是否會影響電話行銷人員的表現好壞？這簡單的圖像，能運用潛意識促發工作人員表現得更出色嗎？

結果非常明確：資訊包裡有照片的工作人員，募到的款項明顯高於未促發的人。當萊瑟姆看到這個結果時，他說：

「我差點從椅子上跌下來。」研究的整個重點，就是要駁斥促發有效的說法。萊瑟姆猜想是自己出了錯，於是開始造訪其他客服中心做類似的研究。而每一次，結果都顯示在資訊包裡多放照片的工作人員，會籌募到更多錢，「我不得不從心存懷疑，變成真心相信。」萊瑟姆說。

在後續的論文中，萊瑟姆根據這些研究發現加以擴充。在另一項也是募款客服中心的研究中，他測試看過同一張終點線照片的工作人員，相對於以「特定背景」照片促發的工作人員，表現會如何（在這個研究中，就是顧客服務中心裡，愉快的工作人員戴著頭戴式電話耳機）。他的研究團隊發現，看了象徵「激勵」的客服中心照片的員工，表現比看了跑步照片的人好（也比對照組好），而且效果不只延續幾小時，而是延續了幾天。他在另一次研究中測試50個團隊的集體活動表現：假設他們在一艘緊急降落月球的太空船上，要求他們列出求生用品的優先順序（這是標準的學術問題，用來判斷團隊運作的好壞）。果然，操作指南裡有一張照片顯示小組圍著桌子合作的團隊，這項作業做得比較好，衡量的標準就是比對他們挑選的項目，和在NASA工作的專家選擇有多相近。

姿勢決定你是誰？

萊瑟姆並非唯一一位研究將促發用在工作場景的人。

結合促發與白領員工工作類型的研究當中，最有名的當屬哈佛商學院的艾美・柯蒂。2010年，柯蒂和幾位同事發表一篇論文，他們找了42個人擺出「高權」或「低權」的姿勢，然後進行冒險任務，每位受試者在活動前後都要提交唾液樣本。「高權」姿勢要在站立時將雙手放在髖部，雙腳打開，就像神力女超人；坐著的話則是將雙手交扣放在腦後，雙腳翹起放在桌上，身體敞開無遮蔽。前後的唾液測試顯示，做出「高權」姿勢的人，睪酮素（與攻擊挑釁相關的激素）明顯增加，皮質醇（象徵壓力的激素）則減少。「低權」姿勢是雙臂環抱，身體收縮，他們的激素反應正好相反。進行冒險任務時，特地花時間做高權姿勢的人更願意冒險。「做高權姿勢的人回報，感覺明顯更『有力量』而且『掌控一切』。」研究指出，「簡單的2分鐘力量姿勢操縱，就足以明顯改變參與者的生理、心理以及感受狀態。」

2012年柯蒂提及這項研究的TED演說爆紅，接著她在2015年出版《姿勢決定你是誰》（*Presence*）。這個成果讓她聲名大噪，但也備受爭議。另外好幾組研究人員複製原始實驗，卻未能得到相同結果，而且許多統計學家都提出質疑，認為方法學和數值計算可能導致「謬誤的」結論。2016年，柯蒂的2010年原始論文的合作夥伴之一，否定先前的結果。柯蒂在回應時表示，儘管研究結果有矛盾，至少有另外9位實驗者找到了依據，支持她稱為「權力姿勢效應」（power-posing effect）——具體地說，就是「採取擴張性姿勢，讓人感覺更有權勢」——背後的基本論點。儘管有科學論據的疑慮，柯蒂發表的成果依然頗受歡迎，因為這提供了一個誘人的鉤子。「稍微調整一點點姿勢，就可能大幅改變人生發展的方向。」她說。

哥倫比亞大學教授亞當．賈林斯基（Adam Galinsky）和同事做的研究，則提出一個較不起眼、較私密的方法，以達到相同結果。他們在2013年的論文中，找人寫下自己覺得強大或無力的幾分鐘，之後要他們編寫一份求職信或參加模擬面試。在2個實驗中，寫到自己覺得強大的人表現較好。賈林斯基在一次採訪中表示，寫出自己強大的情況，對大多數人來說會比擺出高權姿勢有用。「有些人覺得擺姿勢非常不切實際。」他說，「而回憶的行為比較私密。回想你在那個情況下的經歷和感覺，我認為這樣比較容易進入正確的心態。」

重要的是留意所有促發實驗中，受試者並未意識到**為什麼**要擺出像神力女超人的姿勢、觀看跑者的照片，或寫下自己覺得強大的時刻。這引出一個關鍵問題——**既然「促發」**

牽涉到潛意識，那麼在重要時刻之前刻意擺出權力姿勢，是否也能得到相同結果？

換句話說，**可以有意地促發自己嗎**？還是說，**促發比較像是搔癢，自己對自己做，其實沒什麼用**？

有些研究人員對自我促發抱持懷疑，「下意識的反應就是自我促發，這是一種被動效果，只要知道它的存在就會有妨礙。」耶魯教授巴吉說。不過，他承認如果一個人**想要**被促發，比方說，有人正在節食，希望少攝取卡路里，那麼以暗示健康飲食促發，或許能產生一些效果，因為這個人的心理已經傾向於這個目標。

「我猜測自我促發最實際的意識路線，就是提示心中目標的『提醒信號』，比如榜樣的照片、配偶的便利貼留言，或是將上小學的孩子的畫貼在牆上。」巴吉說，「如果那些能提醒你想要達成什麼目標，就不會反抗其影響力。」

多倫多大學教授萊瑟姆提出略有差異的類似答案。因為按照定義，促發就是不能讓被促發者察覺，所以自我促發是矛盾的說法，「要自我促發，又不能察覺到自己這樣做，這是自相矛盾。」他說。萊瑟姆認為，進行TED演說之前做出高權姿勢的人，其實不是在促發，而是以身體的儀式型態做好心理準備。

銷售勵志標語

不過，萊瑟姆指出自己辦公室牆上的那幅撐竿跳海報，在意識察覺方面是界線模糊的例子。他在幾十年前掛上這幅海報，所以那是他對自己做的事。但是他25年來天天都看到它在那裡，所以並未充分意識到它就掛在那裡。他從未停下來專注看著它或思索它的意義，它只是融入了整個背景。這樣說來，如果這個畫面對他有發揮任何影響力，也是細微到接近無意識。「它就在牆上，我沒有注意到，所以那可能是自我促發的例子。」他說。

雖然在我訪問之前，萊瑟姆從未聽說Successories，但這家公司三十多年來，都在設法將這個概念變現。該公司總部位於佛羅里達州德拉海灘，95號州際公路旁一個小辦公園區，銷售以「紀律」「當責」「力量」「堅持」等字眼為主的海報，每個粗黑體字都搭配勵志語錄和裝飾圖像。該公司最暢銷的勵志藝術作品，是維吉尼亞大學划船隊日落時分在河上划船的照片，下方寫著「團隊合作」，還引述安德魯．卡內基（Andrew Carnegie）的一段話：「朝著共同願景一起努力」，該作品為公司帶來數百萬美元營收。

Successories滿足了一個基本需求——公司要填滿辦公室空白的牆壁，管理者可貼上一般常見的梵谷複製品，掛上企業特有的圖像（例如產品的迷人照片，或歷任執行長的肖像），或是懸掛強化企業品德的海報。而Successories迎合的是第三種。總裁艾瑞克．海柏（Eric Haber）說：「我們的顧客希望在牆壁掛上可視為藝術的東西，但又能發揮作用。那就是走廊上的一塊被動告示牌，上面寫著『我們相信團隊合作』。沒有人會主動說出這句話，但擺放在公共區域的藝術品會。」海柏和團隊常在汽車經銷商和高中看到他們的海報，一位員工還在法院大樓的陪審團審議室，看到一幅他們販售的海報。

萊瑟姆在經過研究而相信促發效應以後，就沒有在牆上懸掛新的海報。但他買了一幅《小火車做到了》（*The Little Engine That Could*）海報，幫孫子妝點牆壁。他希望孫子每次看到「我想我可以，我想我可以」的訊息，就會被「自我效能」和「堅持」的訊息給促發。

在與萊瑟姆談話時，我提到幾年前擔任雜誌撰稿人時，我的一間私人辦公室牆壁上有很多空白。有一天，我用圖釘釘上由我撰寫封面故事的那期雜誌封面。幾天後，細心體貼的辦公室經理幫它加上廉價的畫框，等到下次我又寫了封面故事後，她也幫忙裱框掛上去。後來那幾年，那面牆放了十來張由我撰寫封面故事的雜誌封面。雖然我沒怎麼多去注意，但它們或許對我的信心有幫助——在新的報導文章難產時，我可以抬頭看一眼所有寫過的成功文章。那些封面圖像或許在潛意識裡敦促著我的大腦：「我想我可以。」我跟萊瑟姆說起牆上裝飾的事以及我離開舊工作、搬到新辦公室時，將它們放在箱子裡，卻始終沒有多費事去找出鍾子或重新掛起。

「這個研究依然在萌芽階段。」萊瑟姆告誡道，「但我鼓勵你，把它們掛起來吧。」

CHAPTER 6

怒氣與激情

——緊盯對手，

能讓我們更強大嗎？

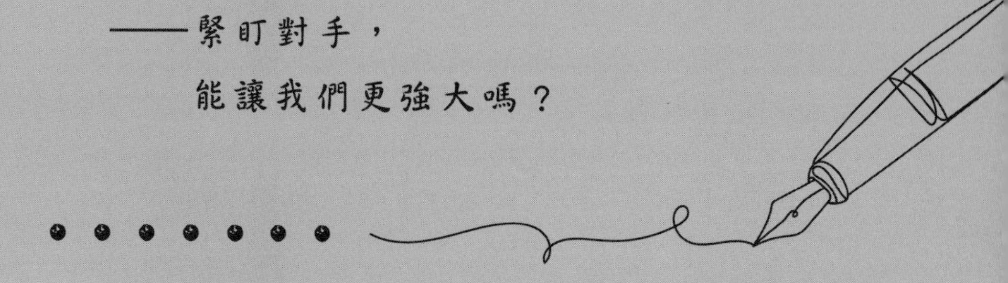

這個聽起來像是運動電影《勝利之光》(*Friday Night Lights*)劇情的一幕，其實發生在1988年的一個周四下午，紐澤西州西北部一所高中的體育館。

靠近中間球場的一個講台上，華倫丘地區中學美式足球隊的四位副隊長輪流對著麥克風講話，800名學生在看台上乖乖聽講。隔天傍晚，這些選手將代表華倫丘在年度比賽對上勁敵——哈克特斯敦之虎隊。因此這個下午，學生們特地請學校讓他們進行一場鼓舞士氣的賽前動員大會。在軍樂隊的樂音伴奏下，啦啦隊翻筋斗，球隊隊長講述這場比賽的重要性。

哈克特斯敦與華倫丘相距9英里，從1930年代起就相互較勁，但今年很特別，華倫丘的球隊(我是球隊的替補進攻線鋒)是挾著6比0不敗的佳績進入到這場比賽。只要打敗哈克特斯敦，華倫丘就有很大機會創下例行賽季無敗績的紀錄，並進入州決賽。但即使沒有那樣的背景，這也是一場向來重要的對抗賽。「可以在一個球季輸掉其他每一場比賽，但只要打敗哈克特斯敦，我們就會特別高興。」球隊中鋒安迪．波狄克(Andy Bordick)多年後回憶。

當某位副隊長在台上精神喊話時，有人打開體育館的一扇門，發出的巨響中斷了這場動員大會。

一名中年男子帶著一個白色大箱子，直接走向體育館中央，停在校長面前。

副隊長停止講話，茫然不知所措地看著這一幕。華倫丘所在的小鎮人口只有6000人，因此許多學生都認得這個人——他是當地花店的老闆，有個兒子也在足球隊。花店老闆和校長低聲交談了一番後，校長打開附在箱子上的信封，然後他們示意球隊總教練過去。總教練看著卡片沉下臉，之後將箱子拿到講台上。

「孩子們，我們有個特別快遞。」總教練對著麥克風說，然後把箱子交給副隊長們。其中一人對著麥克風大聲念出卡片內容：

致華倫丘美式足球隊

請接受我們對你們即將到來的失敗，致以慰問。
我們迫不及待要在周五晚上見到你們。

誠摯的哈克特斯敦之虎

箱子裡是一大捆康乃馨，有藍色和白色，是華倫丘球隊的代表色。這些花幾個星期前還新鮮嬌豔，但是在學校體育館裡打開時，已經腐爛發臭了。

隨著看台上爆出惱怒的叫囂，一名選手將一把康乃馨丟到體育館地板上，狂跺猛踩，有如職業摔角比賽中照稿演出的粗俗一幕。總教練抓起麥克風要大家冷靜，啦啦隊開始新的加油表演。在比賽前的幾個小時，選手們怒火中燒。

在前往周五晚上比賽的巴士路程，選手的怒氣明顯可察。

一名線鋒把枯萎的康乃馨帶上巴士，暖身時還放在球場上。多年後，選手回憶枯萎花朵的羞辱更添加球員感受到的敵意，即便對方是我們早就憎恨不已的宿敵。那種情緒這次似乎有正面成效——在四分衛的強力手臂帶領下，加上滴水不漏的防守，華倫丘以21比6贏得比賽，並締造多年來最成功的球季。

殘花快遞，是我們記憶猶新的高中故事之一。只是等到多年後我們都長大了，才明白哈克特斯敦隊根本沒有送我們花，而是我們的總教練策畫了這場送花橋段。這個輕蔑舉動其實是一場特地為之的心理戰略。總教練希望藉此激怒我們，因為大家都知道，當人心中充滿憤怒與怨恨時，表現就會更好。對吧？

我在生氣時，打得比較好。

2016年夏季奧運期間，游泳選手麥可．費爾普斯被拍到在一場比賽前不久，對著一位南非對手擺出陰沉的臉。

照片中的費爾普斯戴著耳機和兜帽，臉部朝下，雙眉蹙起緊壓著眼睛，雙脣緊抿，在臉上形成起起伏伏的凹窩。

有些評論家說，這張臉讓他們想到即將發動攻擊的狗。這個表情後來被稱為#Phelpsface，而且迅速瘋狂流傳。奧運賽事結束後，深夜脫口秀節目主持人吉米．法倫（Jimmy Fallon）邀請費爾普斯上節目，教他做出那個表情。

我們來比較一下費爾普斯上場前的怒氣，和塞爾提克隊傳奇後衛鮑勃．庫西（Bob Cousy）的怒氣。

鮑勃．庫西在為1963年美國職籃總冠軍賽的最後一戰做準備時，獨自在洛杉磯的飯店房間待了36小時，所有餐點都用客房服務點菜，也不接電話。這可能是庫西球員生涯的最後一戰，他獨處的時光大多用來思索他對法蘭克．塞爾維（Frank Selvy）抱持的仇恨，對方是他在該場比賽要緊盯住的湖人隊後衛。

「如果（塞爾維）現在走進這個房間，我大概會跳上去抓住他的喉嚨，用力勒死他。」庫西在回憶錄中提到，「如果有人企圖碰觸我，甚至是對我說話，我大概也會殺死他。」對庫西來說，**為一場重要比賽準備，意味著必須編造出一種針對競爭對手壓抑、克制的憤怒**，在他記憶中，這種技能是「我身為競賽者，最重要的資產。」庫西稱此為「殺手本能」。即使在利害關係不是特別大的賽季例行賽，庫西也會在比賽前讓自己生氣，並希望對手在比賽中做點什麼，比如手段下流的犯規，以便激怒他。「我在生氣時，打得比較好。」他寫道。對庫西來說，挑起那股怒氣，是振奮精神的關鍵部分。

不過是否有實際的科學證據證明，**人在生氣時表現得更好**？其實證據非常少，而且結果並不是非常確鑿無疑。證據顯示，這取決於人和運動種類的差別。「『老派』或傳統的教練指導方法通常認為，讓運動員生氣可強化激動情緒、衝勁和動機。」保羅．戴維斯（Paul A. Davis）寫道，他是研究怒氣如何影響運動員的重要研究者之一。較新的指導策略則認為，選手最重要的是能控制自己的情緒，以免因怒氣爆發而遭罰或驅逐出場。

實驗研究顯示，**在舉重或其他需要爆發力的運動（如美式足球或拳擊）之前逼出怒氣，可提升力量和表現；但是在需要展示出精細動作技能的運動，如高爾夫球，保持怒氣就可能有害**。

在運動領域之外，證據也是結果不一。以談判為例，有些人相信怒氣會讓人看似更強勢，或可以威懾對方，因此在生氣狀態時談判，會得到更好的結果。但根據《哈佛商業評論》的一篇文章，哈佛大學甘迺迪政府學院（Harvard Kennedy School）前教授凱斯．歐瑞德（Keith Allred）的研究發現，怒氣通常會影響談判結果，因為怒氣會「使衝突升級，讓看法出現偏見，讓僵局更加棘手。」且還會減低合作的可能性，增加談判條件被拒絕的機率。文章總結：「**將怒氣帶入談判現場，就像在談判過程中扔進一顆炸彈。**」

但是光用「生氣」兩字，是太過簡單的解釋。

心理學家認為，情緒的表現有兩個方向——體驗感受以及表達。體驗一種情緒是去感知它，其他人不需要知道。鮑勃・庫西獨自在飯店房間裡暴怒，他感到生氣，但因為沒有其他人看到他的行為，所以他其實不算表達怒氣；表達怒氣，意味著透過文字、臉部表情或其他動作，讓其他人察覺到自己的怒氣。麥可・費爾普斯直接朝對手做出#Phelpsface表情，就是非常清楚地在表達怒氣，無論他自己是否真的覺得生氣。

還有第三種略有不同的相關感覺，也是演示者或選手可以駕馭的。即使在華倫丘美式足球隊打開腐爛的花束之前，注意力早已放在緊盯特定對手上。選手們一開始並不感到生氣，那是在腐臭的花送到後才有的情緒，但我們是從非常具體的背景脈絡下思考即將到來的比賽表現。我們不是光專注在個人要「竭盡所能」，就像單獨賽跑時一樣。藉由將注意力集中到一個對手身上，就會將自己的表現設想為一種**競爭行為**。結果證明，那是另一種可影響臨場表現的力量。

發怒讓自己表現更好，還是讓對手表現更差？

無論怒氣是否可以提升臨場表現，大家普遍相信，**對**

競爭對手表達怒氣，可讓對方表現失常，這是為什麼垃圾話（trash talk，用侮辱或否定的言詞騷擾或激怒對方，或使對方士氣低落）成為現代運動文化中不可或缺的一部分。在拳擊之類的運動，那是選手在比賽之前做準備的重要部分。

在美國，職業籃球是與這種行為關聯最多的運動。2013年發生一起無恥下流的事件，起因是滿嘴髒話而惡名昭彰的球星凱文・賈奈特（Kevin Garnett）悄聲跟對手卡梅羅・安東尼（Carmelo Anthony，綽號「甜瓜」）說，他的妻子「嘗起來像蜂蜜堅果燕麥圈」，故意藉此激怒他，導致安東尼在球場上暴跳如雷。

雖然說法各有不同，但是垃圾話是全球現象。在板球[1]運動中，選手稱之為「惡意調侃」（sledging），而一般的羞辱包括嘲笑對手的板球技巧，或像賈奈特一樣暗示與對手的妻子有染：「你的太太和我的孩子好嗎？」就是一句對選手們來說都相當熟悉的台詞。

垃圾話有一度僅限於比賽前和比賽中，但社群媒體卻導致垃圾話擴散。如今，運動員可以1天24小時、每周7天在推特（Twitter）上互相講垃圾話。

不過，在發起推特戰爭之前，有史以來最厲害的垃圾

1. Cricket，或稱木球、槳球，由兩隊各11人進行對抗比賽的團隊運動。

話王，是在廣播中用打油詩奚落羞辱對手、言行浮誇的職業摔角選手華麗喬治（Gorgeous George）。穆罕默德．阿里（Muhammad Ali）在回憶錄中描述，初出茅廬時，曾被安排和他一起上廣播節目。

廣播節目主持人問到喬治即將到來的比賽，喬治回答：「我會殺了他，我會撕掉他的手臂。如果這個遜咖打敗我，我會爬著穿過摔角場，剪掉頭髮，但那是不可能發生的，因為我是全世界最厲害的摔角選手！」阿里那晚去了那場摔角比賽，看到人山人海。阿里恍然明白，喬治誇大的言詞激起粉絲的興致，也有助最後的結果。阿里回憶：「我就是在那時開始大叫『我最完美。我最厲害。我不可能被打敗，我是兩腳動物中速度最快的，我的腳步像蝴蝶一樣輕舞，出拳像蜜蜂一樣螫人。』」

有時候，阿里不只是賣弄炫耀給粉絲看，顯然也是企圖威嚇對手。

1964年，第一次對戰索尼．利斯頓（Sonny Liston）。賽前，阿里仔細做了計畫，要在賽前秤體重時對利斯頓大聲叫嚷，作勢要和利斯頓打一架。「我排練並計畫了每一步。」阿里後來寫道。「嘿，你這頭醜陋的大熊。」阿里在走向體重計時朝對手大聲嚷嚷，「你明天晚上就是我的手下敗將，你不會是拳王（The Champ），你只是笨蛋（The Chump）。」阿里衝向利斯頓，準備要跟對方大打出手，而這是事先與經紀人編排過的動作，然後再由經紀人出面攔住自己。即使50年後重看這段影片，還是立刻就能看出利斯頓的表情——他一臉驚恐。

言語的羞辱、吹噓以及預告要在這一回合擊倒對手的行為層出不窮，這些成了塑造阿里非凡魅力的部分因素。羅伯特・利普希提（Robert Lipsyte）於2016年在阿里的訃聞中寫道：「他的嘴巴和拳頭一樣有娛樂性，用一連串別出心裁的打油詩，鋪陳他的人生。」

很少人有阿里那種巧妙詆毀對手的功力。但我們應該問的是——如果選擇嘗試看看，**究竟是那樣做會幫我們表現得更好，還是因為威嚇對手奏效而使對方表現得更差**？

垃圾話的力量

班・康米（Ben Conmy）在英國長大，父親是當地的職業足球選手。

年輕時的康米也踢足球，隨著他邁向成年，競爭更趨激烈，垃圾話的程度也隨之升高。「我進入的層級愈高，聽到的垃圾話就愈加尖銳，更加目標明確、惡毒、殘酷。16～18歲的孩子竟然會說出精神病態才會說出的話。」他說。康米會忍不住對垃圾話回嘴，有時這會讓他踢得更差。他的父親總是責備他，要他戒掉這個毛病。「無論如何都別理會。那些話就是要說來讓你無法踢好的。」他的爸爸說。康米說：「對我來說，垃圾話幾乎成了比賽中的比賽，而我一直深陷其中。」

到了2000年代初期，康米在佛羅里達州大學攻讀運動心理學博士學位，希望專注研究垃圾話，但指導教授反對。幾乎沒有學術文獻探討過這種行為。「我不知道你要怎樣做文獻探討，以及要怎樣研究這個行為？」教授說。不過康米心意已決。「對我來說，垃圾話就是體育運動中很根本的部分，而且可能會影響賽事的輸贏。」他說，他堅持這一塊很值得研究。

他的指導教授為了安撫他，容許他召集4個小型焦點團體進行初步研究，有2組是8位女性運動員，還有2組是8名男性，試著判斷其重要性是否足以當博士論文的主題。焦點團體的運動員談起他們說和聽垃圾話的經驗。其中一名運動員特別引人注意。

康米回憶道，有個外表如天使般可愛的女性袋棍球選手，她描述每次賽前是如何跑到對手面前，聲嘶力竭地大聲叫嚷著：「我要把這根棍子，塞進你們的屁股。」她還會大聲叫罵對方的家人。她希望在比賽開始前，人家就以為她是個徹底的神經病，而且她整場比賽都會持續這樣的表現。康米將焦點團體的研究抄錄下來，把結果拿給教授看，他回憶：「他幾乎不敢相信那會是她說的話，於是他說，『好吧，那就來研究這個吧。』」

康米在論文中指出，垃圾話和《聖經》一樣古老。大衛在戰鬥前對著歌利亞誇下海口：「我必殺你，砍下你的頭。」他是在說廢話。康米將這種行為解釋為「蓄意的言語溝通行為，意在獲取勝過對手的明確優勢（心理或身體）」，並指出一種概念性架構，稱垃圾話是藉由打亂對手的認知和情感狀態，干擾感知的自我效能和感知的表現，以此影響對方的表現。

康米接著又調查274位大學運動員說垃圾話的經驗。數字證明，運動員普遍相信垃圾話的效用。將近90%的人相信垃圾話會直接影響運動員的表現，四分之三的人表示會影響運動員對自己的信心。超過四分之三的人還說，垃圾話在他們的運動領域「一直」或「幾乎一直」都是顯而易見的，籃球、美式足球、田徑、游泳皆然。

數據顯示，運動員認為有些對手特別容易受垃圾話影響，而比較自信且專注的運動員則相對不受影響。如果其他條件相同的話，機智又巧妙的垃圾話比較有效，經常重複的垃圾話也一樣。

雖然運動員普遍相信垃圾話的效用，但他們也認為可能會適得其反——超過80%的人能想出一個例子，顯示原本針對他們的垃圾話卻激勵他們臨場表現得更好。

康米的博士論文繼續以對照實驗進一步調查，讓40位男性玩《勁爆美式足球》(Madden NFL)這款電玩遊戲，其中一些人被容許說垃圾話，一些人則保持沉默。結果顯示大部分玩家喜歡說垃圾話，覺得這有激勵作用，而且玩家在說垃圾話時雖然未必表現較好，但確實顯示自我效能和正面情感有所提升。

康米的研究成果，符合這個主題現有的極少數學術成果。舉例來說，大衛・雷尼(David W. Rainey)與文森・葛拉尼托(Vincent Granito)於2010年針對414位大學運動員的研究發現，男性的垃圾話比女性多，全美大學一級籃球錦標賽，晉升第一級別賽事選手說垃圾話的情況，比第三級別的選手多，而他們的目標都一樣——激勵自己並動搖對手信心。

雷尼的調查結果有部分頗令人意外：調查對象表示，他們第一次使用垃圾話的年紀平均在11歲。10%表示垃圾話通常是詆毀對手的家人，7%承認會使用種族侮辱。女性運動員的垃圾話則通常集中在外表，並以兩種侮辱占大多數——「你真胖」及「你真醜」。

康米完成博士論文之後離開了學術界，如今以運動心理學家身分和運動員合作。他的工作中常有客戶面臨垃圾話的挑戰，但他說隨著年紀漸長，發覺這項行為多少已經超出體育運動範圍。

他所知講垃圾話最火爆的，是在倫敦銀行業工作的朋友。「他們特地去避險基金對手出沒的酒吧，故意在那裡高談闊論，吹噓他們的投資組合績效多麼好。」他說。他指出HBO《我家也有大明星》（*Entourage*）系列喜劇影集中的角色阿里．高德（Ari Gold），也是個經常以貶低他人提升自我表現的生意人。

「相當多生意人是不得志的運動員，或者年輕時是非常優秀的運動員。」他說，「他們看到垃圾話在體育界發揮效果，所以如果在體育界會有效，那麼在另一個競爭場域怎麼可能會沒用？」

有對手在，你會表現得更好

1890年代，騎自行車成了美國頗受歡迎的消遣活動，印第安納大學研究生諾曼．崔普雷特（Norman Triplett）也是這項活動的狂熱愛好者。崔普雷特喜歡各式各樣的運動——他跑田徑（後來又當教練），還在一支成人棒球隊打球。但他觀察自行車運動員的行為後，促使他進行一組實驗，讓他至今仍受後人懷念。

崔普雷特分析1897年一組自行車比賽的數據，觀察騎手在3種情況下比賽的速度變化——無人領騎的競賽（單一選手自己努力達到最快速度），有領騎的競賽（單一選手由團隊協助，有人以規定的速度領騎）以及實際比賽中眾選手同時出發騎行。

崔普雷特分析超過2000名選手的數據，注意到按照領騎速度騎行的選手，比沒有領騎的選手平均每英哩快上34.4秒。此外，身邊有對手競速的選手，比起沒有領騎的選手每英哩快了將近40秒。崔普雷特假設了幾個原因，包括「吸力」或「庇護」理論（即選手藉由位於其他選手後方的牽引，而獲得機械優勢），和各種心理學理論。比方說，他指出選手可能被催眠，或因為競爭對手的存在而進入自動駕駛模式。

崔普雷特最後總結，有另外一股力量在起作用，他稱之為動力因素（dynamogenic factors）。「這個競爭理論認為，實際存在另一位選手是對競賽者的刺激，會喚起競爭的本能。」他寫道，另一位選手提供了一種「讓人想更加努力的原動力」。

為測試這個理論，崔普雷特設計一場競賽，利用一種類似2個並排釣魚線捲線器的裝置，以40位學童為受試者，進行捲線比賽，他們彼此競爭也與時間競賽。結果——勢均力敵的捲線競賽者始終表現比較好。崔普雷特總結：「同時有另一位競爭者參與比賽，可釋放平常沒有的潛在活力。」

換句話說，當我們必須與另一位競爭者競爭，我們會更加努力。

儘管崔普雷特的研究並未直接提出這種競賽的最佳準

備方法，但是在踩上踏板**之前**，想像對手以及打敗對手的欲望，也會增加動機和活力，這一點很合理。

崔普雷特的結論對於從事運動的人來說並不意外。「競爭會以某種方式催生動力，無論是因為競爭者想要贏，還是因為競爭者只是不想墊底。」波・布朗森（Po Bronson）與艾許麗・梅里曼（Ashley Merryman）在《奪魁者》（*Top Dog: The Science of Winning and Losing*）一書中寫道：「即使被拖入不情願參加的競賽，只要意識到被拿來和他人比較的這個事實，還是會觸發人們的競爭本能，讓人更加努力。」布朗森和梅里曼指出這種現象不限於運動圈。「歷史上一些優秀團隊，與他們同樣出名的還有對對手所抱持的敵意。」他們寫道，並舉出如亞伯拉罕・林肯（Abraham Lincoln）的「對手團隊」（Team of Rivals），帶領曼哈頓計畫（Manhattan Project）的科學家以及水星計畫（Mercury）的太空人等案例。

保有競爭心態

許多年來，經理人一直嘗試駕馭職場裡的競爭勢力，尤其是銷售業務的工作，經理人以積分排行榜（告訴所有人誰賣得比較多或少）和競賽（通常是以旅遊或其他獎品為主），利用想打敗其他人的天生動力，將之轉換成營收。近來，銷售職位以外的經理人則以「遊戲化」來利用競爭的激勵力量。

有些大學仰賴「強制曲線」（forced curve）評分制度，限制有多少學生可以拿到A，並針對課堂表現建立內在的零和競爭動態。企業也採用強制曲線績效評鑑制度，只有一定數量的員工可拿到最高評等。這種動態不限於職場工作，如果你戴著智慧型運動手錶Fitbit，比較你和朋友走了多少步，就是將健身遊戲化，並將對抗競爭這件事轉變成增強臨場表現的工具。

對抗競爭和純粹的競賽有關，但又略有不同。我們可以跟任何人競爭（甚至是陌生人），競爭敵手是**明確具體**的對手，讓我們感受到一種強化或特殊的競爭感覺。洋基隊和紅襪隊算得上是競爭敵手，哈佛和耶魯也是。對抗競爭在商業界也很普遍——如可口可樂與百事可樂，CVS藥局與沃爾格林（Walgreens）。如果諾曼・崔普雷特為世人懷念，是因為他身為第一個證明競爭有助提升臨場表現的心理學家，那麼紐約大學（New York University）現代心理學家蓋文・基爾杜夫（Gavin Kilduff），則是因為證明了「對抗競爭心態」，還可更進一步提升臨場表現。

基爾杜夫最早是在童年時發現這種動能，當時他和朋友玩電玩遊戲和籃球，但他並非只是為了娛樂而玩，反而常常藉由設計比賽，設法增加競爭動能。他發現自己在與最要好的朋友比賽時，總是會更加努力。

基爾杜夫在研究中探索驅動對抗競爭的因素，以及對臨場表現有什麼影響。

他在一次研究中發現，驅動對抗競爭的因素有：對手的相似性、競賽的頻率以及勢均力敵的程度。比方說，在一次針對全美大學一級籃球錦標賽參賽球隊的研究，基爾杜夫發現若是在與競爭對手一決高下的前提下，球隊的防守會更有效率並擋下更多投籃。另一項研究則是請人回想自己的表現，他發現大家回想到更有動力且更好的表現，是在與旗鼓相當的對手競賽時；而相較於自我陳述的結果，以長距離跑者為主的實際比賽結果來看，抱持與對手較量心態的競爭者確實跑得更快。

基爾杜夫表示，對抗競爭心態很重要的一點是，通常有一種敵對或仇恨的感覺，但又未必都是這種情況。「不一定只是跟另一個人較勁」，基爾杜夫以賴瑞・柏德（Larry Bird）和魔術強森（Magic Johnson）為例，兩人在球場上是競爭激烈的對手，球場下卻交情深厚。

運動場上大部分的對抗競爭會隨時間出現而不斷演變。但是當教練或領導者企圖為團隊打氣時，卻時常找不到合理的競爭對手，因此若要嘗試利用這種動能並得出正面效果，或許有個顯而易見的策略——**自己創造一個**。

愛講垃圾話的企業執行長

約翰．雷傑（John Legere）的工作地點，在華盛頓州西雅圖近郊貝爾維尤市一幢建築頂樓裡的角落辦公室。他的辦公桌放在房間斜對角，後方書櫃放著一個巨大電腦螢幕，大到我一開始誤以為那是台大螢幕電視。

58歲的雷傑看上去比實際年齡年輕，稍長的黑髮直接往後梳，長度約莫在脖子上方，左手戴著一個巨大的蝙蝠俠戒指。他的衣著超出了「商務休閒」的界線，在我與他見面的那個下午，他穿著一套黑色與洋紅色相間的運動服，裡面套著一件洋紅色T恤，腳上是洋紅色襪子以及一雙訂製的黑色配洋紅色運動鞋。原來黑色與洋紅色是電信公司T-Mobile的企業代表色，身為T-Mobile執行長的雷傑，每天都這樣穿。

雷傑到T-Mobile服務之前，曾在AT&T及環球電訊（Global Crossing）任職很長一段時間，他在那2家公司工作時，通常都穿西裝打領帶。

在環球電訊擔任執行長那段期間讓他荷包賺滿滿，等他在2011年的合併案後離開環球電訊，其實已不需要再工作了。但是到了2012年，他開始靜極思動，因此當獵人頭公司打電話談起T-Mobile的執行長職務時，勾起了他的興趣。T-Mobile是一家德國電信巨擘旗下的公司，原本打算賣給AT&T，但聯邦通信委員會（Federal Communication

Commission，FCC）和司法部擋下這起交易。T-Mobile因而士氣低迷，該公司當時是美國四大無線網路業者中最小的一家，而且正在掙扎求生存。

「員工備受打擊。」雷傑回憶起就職的第一天，但他立刻看到了光明面。「員工平均年齡27歲，而且相當容易就能讓他們重新鼓起精神。」他說，「他們只是需要有人告訴他們，事情終會好轉的。」

為了整頓業務，雷傑採取一些重要行動，包括與蘋果簽訂銷售iPhone的交易，並設法改善T-Mobile乏善可陳的網路覆蓋率，而這正是該公司長期以來的致命弱點。他引導進行IPO（首次公開發行），降低對德國母公司的財務依賴；並採取行動努力改善企業文化，比如立即廢止零售店員工不可紋身或臉上穿環的政策。但是更大的策略則包含不斷鎖定並挑釁對手，同時以這種不時奚落競爭者的方式為自家員工加油打氣。

他到任幾個月後，開始不停嘲弄T-Mobile的主要競爭對手Verizon及AT&T「愚笨和更愚笨」，並公開稱他們是「爛貨」。

他在擔任執行長後的第一場記者會上說：「我看Match.com[2]的廣告，都比AT&T的覆蓋率地圖還誠實。」在超級

2. 美國交友網站平台。

盃廣告中，他嘲笑Verizon提供的數據服務更快速的說法。2013年他申請個人推特帳戶，3年不到就發推文超過1萬7500次。許多推文主要都是在抨擊電信業對手。到了2016年，他有超過300萬追隨者，粉絲基礎十分深厚，甚至推特都用雷傑的臉部圖像創作表情符號，這個榮譽先前只有教宗方濟各才有。

知名商業雜誌《快公司》(*Fast Company*)稱雷傑是「滿口粗言穢語、語出驚人的美國企業界名嘴」，並說他獨特的衣著和髮型，看起來更像是搖滾樂團Kiss的成員，不像一位電信公司的高階主管。

T-Mobile領導人喜歡對企業對手講垃圾話，這種嗜好很罕見。

許多大公司的高階主管甚至連提及競爭公司的名稱都不樂意。這些領導人將商場視為個人分秒必爭的競賽，在這種情境下，激勵性的修辭就只能說些要大家盡其所能的話，而不是打敗其他人。

雷傑將他與眾不同的思考方式，歸因於本身的運動員背景。「我從小就是競賽型跑者(他參加波士頓馬拉松超過10次)，而且我喜歡對抗競爭，那就是我人格的一部分。」他說。「我喜歡贏，但如果能讓別人輸，又讓我更加樂在其中。」他形容自己在T-Mobile的早期經營策略，有個關鍵部分是「挑出反派」，而當時就是AT&T。「AT&T很明顯地毀了許多人的iPhone初體驗。這就產生一種憋屈的仇恨。」他說。雷傑回憶，每次對大型團體演說時，只要問：「有多少人用AT&T的無線網路？」接著再問：「有多少人恨他們？」場內滿是高舉的手。

T-Mobile所在的產業，採取對抗策略可能會帶來紅利。目前，幾乎每個美國成人都擁有行動電話，因此產業成長率已經停滯。

一家公司要在飽和市場成長，必須從競爭者手中奪取市場分額。雷傑說這個策略很合理，因為對無線服務供應商的不滿通常居高不下，原因在於他口中的該產業「痛點」——苛刻的長期合約、數據或漫遊的額外費用計算不透明又難以理解與似乎不受顧客控制。雷傑的因應策略不是只集中在挑戰對手，還攻擊主要業者已約定俗成的標準常規。

雷傑也將自己對垃圾話的喜好，尤其是在推特上的垃圾話，歸因於即使身為一家價值320億美元公司的執行長，他仍舊有很多時間。「我離婚了，2個女兒也都大了。」他說，「我一個人住，沒有養狗，所以我就開始做這些事。」他說自己一人在酒吧裡喝酒時，喜歡對陌生人發起速度競賽的挑戰，他們各自在智慧型手機上登錄特定網站，看看誰上傳和下載的速度最快（他說他的T-Mobile手機總是獲勝）。半夜醒來，他還會抓起手機回覆顧客的推文。聽著雷傑描述自己的生活方式，我幾乎都要開始同情他了——直到想起他擁有一戶價值1800萬美元、位於中央公園西區的頂樓公寓，過去曾是威廉．赫斯特（William Randolph Hearst，美國報業大王）所擁有，目前的鄰居是知名時裝設計師喬治歐．亞曼尼（Giorgio Armani）。

對手不一定要具體

雷傑的垃圾話大多是針對消費者而講，企圖讓他們了解T-Mobile相對於Verizon及AT&T的競爭優勢。但這種虛張聲勢還有第二種受眾——他的員工。「我卯足全力地對其他業者施壓，而他們非常喜歡我這麼做。」雷傑形容他經常造訪電話客服中心，那些戴著耳機的客服代表像迎接搖滾巨星般地歡迎他。

要激勵客服中心的員工比出高低並不容易，但客服代表若能親眼目睹執行長公開個人電子郵件地址，每天又在推特批評T-Mobile的對手，就有提振士氣的作用。他們在每天早晨開始辛苦工作時，就會覺得有個明確的努力目標。

雷傑的噱頭，有的似乎顯得離經叛道。有一次，他租用空中噴煙寫字飛機，在AT&T總部上空噴出奚落羞辱該公司的話。在我與他碰面的前一周，雷傑在拍賣網站eBay以2萬1800美元標下一個權利，讓他可在2016年夏季奧運比賽期間，在美國代表隊跑者尼克．西蒙茲（Nick Symmonds）的肩膀貼一塊9平方英吋的紋身貼紙。對雷傑來說，最直接的辦法就是在西蒙茲的手臂貼上T-Mobile的商標。但在我們碰面的那天，雷傑說他在考慮不同的方案，一個推特追蹤者建議的方案——西蒙茲的紋身不必用來宣傳T-Mobile，乾脆就寫上「去XX的AT&T。」

除了尖酸調侃對手，對T-Mobile這種小蝦米對抗大鯨魚的姿態也有幫助。關注體育新聞的人，想必都目睹過弱者敘事固有的吸引力——我們的本能反應會支持奪冠希望不大、有所謂「灰姑娘故事」的隊伍。學術研究顯示這種動能也會在企業界發揮作用。

喬治城大學（Georgetown University）教授妮魯．帕哈莉亞（Neeru Paharia）與同事研究，消費者為什麼對將自己擺在弱勢位置的公司有反應，以及如何反應。舉例來說，有個實驗是給書店老顧客發優惠券，他們發現消費者若被提醒，小書店的主要對手是「身價數十億美元的大企業」，會比收到中性聲明的顧客買得更多。研究人員寫道，除了聲援規模較小的獨立品牌，消費者「或許希望懲罰更強大的競爭對手，樂於看他們失敗，並從『對抗強權』中獲得一種滿足。在競爭的背景下，除了支持弱勢，消費者或許還想懲罰更有優勢地位、擁有太多權力的大型品牌。」

西雅圖市區華盛頓湖對面，有家公司一開始就是以弱者身分出現，如今卻是該領域中的霸主——亞馬遜。2014年，我採訪創辦人傑夫·貝佐斯（Jeff Bezos），問到以鎖定對手為激勵手段的好處。「有些公司他們一早醒來，就是藉由思考競爭者是誰、如何打敗競爭者，來組織及建立內部思維。」貝佐斯告訴我，「那可能是非常有效的策略，但不是唯一的策略，也不是唯一的前進動力。真正在亞馬遜做出好成績的人，更偏向探索者心態。他們一早醒來淋浴時會想：『我們可以為顧客創造及發明什麼？』……兩種模式都有效，而且可看到兩種模式都存在。（但是）如果要從這兩者挑一個，我喜歡看重顧客勝過看重競爭者……當你是領導者，選擇看重顧客的文化效果較好。因為看重競爭者的文化有個問題，當自己登上頂尖一流地位後，瞬間就會像是失去了北極星。他們在淋浴時就沒有事情可想了。」貝佐斯說完後，仰天開懷大笑。

不過雷傑指出，**鎖定敵人或對手的策略，未必就是以實際敵人為焦點；有時對手可能是一個令人振奮的看法或概念**。雷傑在環球電訊任職期間，該公司很多時候都在破產邊緣徘徊，所以「破產」這個想法就成了敵人。其他執行長或許會十分激烈地針對像是「浪費」「背叛」「自滿」「官僚作風」等情況，並讓這些情況徹底成為「敵人」。

無論外人怎麼看待雷傑的行事作風，數據顯示他的做法奏效。

雷傑上任執行長時，T-Mobile有3330萬用戶；等到2016年我們碰面時，用戶數已有6600萬，公司股價更翻漲超過4倍。不過這位執行長堅稱，說起挑釁對手，他這才只是剛開始而已。「關於解決顧客痛點的事，我們還有很多可以做，因為那些壞人總是對這些事顯得毫不在乎。」

CHAPTER 7

振奮精神的藥丸

——為了能有好表現，

靠藥物幫助是對的嗎？

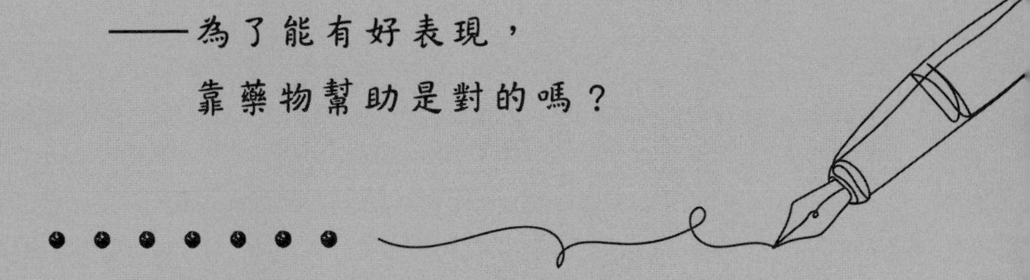

史考特．史塔索（Scott Stossel）是《大西洋月刊》（*Atlantic*）的編輯，出版過2本有口皆碑的著作。他聰明，事業有成。但當他受邀上電視、參加研討會或是在書店談論自己的作品時，照他自己的說法，他會焦慮崩潰到近乎無助。他會緊張發抖、渾身冒汗，覺得噁心、呼吸困難，還可能暈倒。

因此，史塔索做了愈來愈多專業人士賴以熬過工作嚴峻時刻的方法——**使用藥物**。

他的例行程序在踏上舞台或講台的4小時前開始，先服用0.5毫克的鎮靜劑贊安諾（Xanax）。等到活動前1小時，再服下0.5毫克的贊安諾以及20毫克的恩特來（Inderal），這種乙型阻斷劑（β-blocker）已成為飽受臨場焦慮之苦者的必備藥物。史塔索搭配一小杯伏特加服下藥丸，在輪到他發言的前15分鐘，再喝下第二杯。

等到史塔索站上講台，會在口袋裡放更多贊安諾和幾瓶迷你酒吧用的小瓶伏特加。如果感到嚴重焦慮，就在活動期間再悄悄吃顆藥或再喝一口酒。他在回憶錄《我的焦慮歲月》（*My Age of Anxiety*）裡直言不諱地敘述自己的身心失調情況：「如果我設法達到平衡點，完美結合時機和劑量，讓藥物和酒精在認知與心理層面達到鎮靜效果，並激發平衡焦慮的理性部分，那我大致上可以表現得還不錯；我會緊張但不會太狼狽；我說話會有一點含糊，但還算能清晰傳達。」不過有些時候，那種平衡狀態實在難以捉摸。他常常會用藥過度，到了像是一團爛泥的程度；有時候又用藥不足，導致他大汗淋漓，聲音顫抖，還有說到一半跑下台的可能。

醫師大概不會贊同史塔索用伏特加當臨場表現的輔助，但他使用贊安諾和乙型阻斷劑卻幾乎沒有引起爭議，因為他有數十年的明確診斷書，證明他是個有損害性焦慮症的人，並可在醫療監督下使用處方藥。

不過，幾乎人人都會對公開說話這件事感到焦慮。公開演說者同感苦惱的心跳加快、口乾舌燥、冒汗等情況，普遍到可說有如正常現象。藥物是治療疾病的工具，但如果幾乎人人在接近講台時都感受到一些症狀，那麼這些藥物對上台容易緊張的人有好處嗎？

藥物提供安定感

對我的2位作家朋友來說，答案確鑿無疑地是可以的。他們都對我坦承不諱地說會使用乙型阻斷劑，只是要求我別在書中說出他們的真實姓名。

這2位朋友從大多數標準來看，都算卓然有成人士。他們管理員工，也上電視。我看過兩人在大眾面前講話從容不迫。他們本人都很合群、風趣而且個性迷人，似乎也都不太會感到焦慮。

他們不是那種你認為需要化學藥品輔助的人，但兩人都認為藥物改變了他們的職業生涯。

第一個朋友是位五十多歲的女性，大學時贏過一次演講比賽。在職業生涯早期，對著一群同事講話她不覺得緊張。但隨著年紀漸長，發生了3件事。

第一件事發生在超過10年前。她的上司臨時通知她要對一群人演說，她毫無準備，所以表現得很糟──她開始冒汗，聲音變得高亢。「好像一列失去控制的火車。」她平靜地說。之後，她開始擔心事情可能重演。

隨著事業逐漸發展，演講在她的職責中占了更大分量。「就是這個轉變，我身為演講者的臨場表現，開始直接影響旁人怎樣評價我身為一位領導者的表現。」她說，「我代表公司，所以如果我表現差，可能會影響到我的年度考評。」

第三個難題是她寫了一本暢銷書，因而開始進行有償演講活動。她記得第一次舉辦大型演講的對象是一群醫師，對方還讓她搭乘頭等艙前往參加活動。在她正式上台前一晚的晚宴，主辦方清楚表示她是活動的重頭戲。「他們可不是邀請我去填滿那1小時的空檔，我的演講內容對他們來說真的很重要。」她如此描述自己感受到的龐大壓力。

正因如此，她在旅程前找了醫師，要求開乙型阻斷劑。醫師欣然贊同：他先前也曾給小提琴家和一些職業撞球選手開過藥。她在演講前服用最大劑量。「所有經常遇到的壞事，如冒汗、呼吸急促，都沒有發生。」她說，「我不知道是不是受心理因素影響，但藥物就是壓制了所有生理感覺。」

以科學理論來說，那正是乙型阻斷劑應有的作用。乙型阻斷劑是1962年由蘇格蘭藥理學家詹姆斯．布萊克（James Black）發現，原先是拿來治療心臟疾病的，因為它會抑制人體對腎上腺素的反應，降低血壓並減少心臟病發作的風險。到了1970年代，醫師開始用來減少臨場焦慮症狀，尤其是對音樂家。不過這依然是次要用途，乙型阻斷劑主要還是用來改善人體循環系統。布萊克因這項成果獲得諾貝爾獎，2010年過世時《紐約時報》更稱讚他「延長了數百萬人的生命。」

雖然乙型阻斷劑不會幫助我的朋友長壽，但她說它改變了她的人生。她說：「現在我演說時，完全不會覺得緊張，而且演講成了我的職業生涯中，非常有趣又獲利豐厚的部分。」

另一位四十多歲的男性作家，說了類似的故事。他在二十多歲到三十多歲時有過幾次公開演說，也上過電視，當時完全沒有出現問題。他不畏懼公開演講，反而樂在其中。但是他有一度在講台上突然恐慌症發作。因此在開始進行新書巡迴發表會之前，他找醫師開乙型阻斷劑的處方。他只吃極少劑量，半錠而已。「那只是減少身體反叛的可能性。」他說。

我的這2位朋友使用藥物的方式略有不同。女作家表示自己在大部分演說前會緊張，所以使用藥物減輕這種意料之中的緊張不安；男作家則將藥物視為一種安全保障，他說如果不吃藥，大概10次有9次可以表現得毫不緊張。他服用藥物，是為了預防那十分之一的可能性，以防萬一有什麼事會觸發恐慌發作。

「藥物的幫助無法衡量，我已經成為藥物的傳道人。」他說，「藥物讓我成為更有自信的演說家，也改善了我的事業。」

為了增強表現，安非他命應運而生

當我們說到「表現增強藥物」，立刻會想到知名運動員使用違禁物質來鍛鍊肌肉和加速痊癒。藍斯·阿姆斯壯（Lance Armstrong）、馬克·馬怪爾（Mark McGwire）、瑪莉安·瓊斯（Marion Jones）等，這些一世英名被疑似用藥（或者有的已經承認用藥）所玷汙的運動員名單，似乎每年都在增加。

但是，並非只有運動員會靠攝取化學物質來達成更好的臨場表現，無論這物質是否違禁。

這種化學藥物強化的方法，大多是日常慣例中合法且常見的部分，就是普遍存在的提振精神用品。本書前言提到的外科醫師馬克．麥克勞林，就大量使用咖啡因來維持外科手術期間的精神；第3章提到的Yelp銷售團隊在下午時會大口灌下紅牛飲料，為午後的陌生開發電話補給能量。研究一致顯示咖啡因可提升認知功能、警覺性與精力，也是效能充足的表現增強物質，所以運動員如果血液中的咖啡因含量太高，根據全美大學一級籃球錦標賽的規定可能會遭處罰。我的雇主和許多雇主一樣，提供咖啡給員工無限暢飲，許多人一天如果不先用幾杯咖啡開始，就很難做成什麼事。

同樣地，許多專業人士會用一、兩杯雞尾酒，代表工作日的結束。將酒精當成表現增強物質是違反直覺的，而且在絕大多數的活動中，即使輕微劑量也會影響表現。但是儘管有極大可能會造成損害，有些情況若謹慎使用適度劑量的酒精，其解除抑制作用的特質，可能跟社交潤滑劑一樣有用，這是許多商業社交經常在雞尾酒會進行的原因。我家的當地報紙《波士頓環球報》（*Boston Globe*）中，有個每周刊登一次的〈與邱比特共進晚餐〉專欄，記述男女相親的情況，令人驚奇的是，很多參加相親的人在準備時，喜歡獨自喝一杯雞尾酒，這是因為它被稱為「液體勇氣」。

綜觀歷史，這種化學勇氣也延伸到了戰場。波蘭歷史學家盧卡斯．卡明斯基（Lukasz Kamienski）在《藥品與戰爭簡史》（*Shooting Up: A Short History of Drugs and War*）中敘述，包括酒精、鴉片、古柯鹼、迷幻藥等各式各樣的藥物，不僅廣受士兵歡迎，更是由軍官有系統地供應，這種情況可追溯至荷馬時期。卡明斯基寫道，這些藥物有許多是興奮劑，用來「鍛鍊耐力，提供能量，減少睡眠的需求，減輕疲勞，加強戰鬥精神。還可增加勇氣，改善決斷力，並激起積極好鬥的情緒。」在戰鬥與戰鬥之間，士兵用酒精之類的鎮定劑處理壓力和戰鬥的創傷。卡明斯基認為，有鑑於戰鬥的核心是生存困境，使用麻醉物質是合理的——雖然人類天生有自衛本能，但士兵總是不得不**走向**死亡風險升高的處境。考慮到這種動力，卡明斯基寫道：「如果軍隊不尋求藥物支持，豈不令人吃驚？」

至於白領階級，數十年來強力增強表現之王就是安非他命。第一個合成安非他命是由化學家戈登．艾利斯（Gordon Alles）取得專利，1932年以名為苯甲胺（Benzedrine）的非處方吸入劑問世；幾年後，這個藥品有了藥片（艾利斯是異常多產的化學家，開發出安非他命幾年後，又創造了相關的化學化合物：搖頭丸〔MDMA〕，又叫快樂丸〔ecstasy〕）。安非他命的作用是提高神經傳導物質多巴胺與正腎上腺素的濃度，能有效抑制困倦、提升精神集中度、降低亢進情況並減少憂鬱症狀。瀏覽安非他命的歷史可以看出，原本藥品上市是為了紓解鼻塞，但令人側目的是很快有人發現其他用途。到了1946年，安非他命被用來治療39種不同的臨床問題，包括癲癇、帕金森氏症、精神分裂症、酒精中毒、昏迷、鴉片劑成癮、夜尿症、偏頭痛、憂鬱症、腸躁症以及輻射毒害。

等到安非他命上了藥房貨架，這個小藥丸頓時成了第一個廣為使用的「認知增強劑」，健康的人用來幫助維持更長時間的思維敏銳。爵士樂手服用安非他命，是為了演奏更長的曲目。「垮掉的一代」[1]作家服用這種心形的綠色與橘色藥丸——傑克・凱魯亞克（Jack Kerouac）嗑了3周的安非他命，寫出《在路上》（*On the Road*）。雖然醫師看出使用安非他命的弊端，包括精神病、成癮以及死亡，但許多人還是繼續服用。「儘管負面名聲與日俱增，而且有愈來愈多可能成癮的報導，但美國人依然熱愛安非他命。」依蓮・摩爾（Elaine Moore）在她的藥物史中如此寫道：「學生、教授、藝術家、音樂家、醫事人員、卡車司機、運動員、作家、演員，成了安非他命『最大愛好者』」。摩爾是醫檢師兼保健作家，她回想1960年代末期念大學時，這種藥物簡直氾濫，她自己也在準備考試苦讀時使用。為了因應安非他命的危害，1970年代對安非他命的管制漸趨嚴格，這或許也在無意間導致古柯鹼日漸普及。

1. Beat Generation，是二次世界大戰後美國一群作家開啟的文學運動，意在探索和影響二戰後的美國文化和政治。他們在1950年代發表大量作品並廣為人傳。其核心理念包含投入進行精神探索、美國和東方宗教的探索、拒絕既有標準的價值觀、反對物質主義、對人類現狀詳盡描述、試驗致幻藥物和性解放及探索。資料來源：維基百科。

彷彿肩上坐著一班天使唱詩班

這時候，治療新症狀的新藥物取代了安排他命的地位。1930年代以降，研究人員就注意到，興奮劑對「行為障礙」學童有正面效果；到了1960年代初期，藥理學家創造出安非他命的相似物——派醋甲酯（methylphenidate），比較有名的是其商品名稱——利他能（Ritalin）。這項藥品真正用來治療的不是新病症，而是「過動」。第一個醫師記載兒童注意力不集中、難以專注以及衝動控制不良的書面資料，可追溯至十六世紀，但是1960年代的心理學家開始更為關注「過動」兒童的問題，並使用藥物治療。到了1990年代，一般認為兒童成長到青春期，這些狀況就會減少，而使用興奮劑治療狀況的人（包括成人）數量卻增加了。根據疾病管制中心（Centers for Disease Control）資料，2014年美國5歲至17歲的孩童，有略高於10%被診斷出有注意力不足過動症（ADHD）。好消息是利他能與阿德拉（Adderall）等藥物，治療孩童的這種狀況大致有效。

不過，和前述的安非他命一樣，後來使用的群體超出開立處方治療疾病的人。無處方使用利他能與阿德拉的盛行，依然備受爭議。一些針對大學生的研究顯示，有高達三分之一的人從室友或朋友處要來這些藥物，2016年的一項研究還發現，儘管近年來阿德拉的處方數量持平，但是18歲至25

歲無處方服用藥物（意思是不正當地從他人取得）的人數，據報導增加67%。其他研究顯示，阿德拉和利他能濫用的問題是媒體誇大其詞。2015年一份刊登在《注意力障礙期刊》（*Journal of Attention Disorders*）的研究發現，18歲到49歲的美國人，為了非醫療用途使用利他能或阿德拉等藥物的人不到5%；研究也檢視了歐洲的使用比率，同樣顯示在5%以下。

無論數字高低，無處方使用興奮劑的情況，據說已經氾濫，不但引發對風險和副作用的疑慮，還有對公平性的顧慮。瑪格麗特・塔爾波特（Margaret Talbot）在《紐約客》撰文描述，她對表現增強劑感興趣，是因為得知一位工作中與她競爭的年輕同事，使用興奮劑通宵熬夜寫報導。塔爾波特在文章中點出表現增強藥物爭議常見的重點，報導提及製藥業競爭局勢中的「軍備競賽層面」。她提出父母為了讓孩子在學校表現更好，選擇給孩子下藥的恐怖可能性。塔爾波特寫道：「由此種可能而衍生出的社會，我不確定自己是否願意生存在其中，在這個社會，我們比現在工作更勞累、更受科技的驅使，必須服用藥物才能跟上；在這個社會，我們在給孩子維他命的同時，還給他們類固醇。」

這個想像儘管讓人不舒服，但有關表現增強藥物的資料看得愈多，就愈忍不住會去想——它們對我的工作和表現，會帶來多少變化？記者喬許・弗爾（Joshua Foer）在《石板》

網站撰文描述，阿德拉的特性被當成表現增強物質的故事引起他的好奇，於是在諮詢了5、6位精神科醫師，評估自己服藥的風險後，得到的一致結論是——在沒有遺傳病史及後遺症的情況下偶爾使用低劑量，「可能無害」。

於是他嘗試了一星期，「結果很神奇。」弗爾寫道。他在線上字謎遊戲拿到有史以來的最高分，還讀了175頁密密麻麻的文本。「我有如被一隻輻射蜘蛛螫了。」他如此描述自己堅韌又持久的生產力，「在我嘗試靠藥物寫作時，彷彿肩上坐著一班天使唱詩班，幾乎是機械式地湧出句子。大腦中讓我好奇收件匣有無新郵件的部分顯然已經關閉。就正常情況來說，我一次只能盯著電腦螢幕大約20分鐘；但用了阿德拉，我工作能以小時為單位。我並沒有感覺更聰明或是思緒更清晰，我只是覺得更有方向了，比較不會胡思亂想，比較少做白日夢。那感覺像是清除了掩蓋我真實能力的矮樹叢。」

不過弗爾也形容，使用阿德拉時，感覺創造力會下降，彷彿戴著眼罩在思考。他敘述服用這種藥的所有潛在弊端，包括失眠、無處方下持有藥品被逮捕的風險以及生理或心理對藥物產生的依賴性。他承認在寫《石板》的那篇文章前吃了一顆藥。雖然他沒有保證不會再用，但也暗示未來無意再用。

企業應該鼓勵員工服藥？

2000年代初期，戴夫·亞斯普雷（Dave Asprey）要兼顧在一家新創公司的全職工作，還以華頓商學院MBA學生身分，承受近乎全日制課程的課業壓力。他過得很辛苦。「我的大腦不大對勁。」他說。最後他去看了精神科醫師和一位心理學家，醫師還幫他掃描大腦，想給他開阿德拉的藥方，但亞斯普雷做了些功課後，建議醫師給他第二張藥單：開立莫達非尼（Modafinil），這是美國食品藥物管理局（FDA）1998年批准的抗嗜睡症藥物。

製藥公司瑟法隆（Cephalon）以普衛醒之名銷售莫達非尼，該藥品原先是用來治療嗜睡症，後來被批准用於治療因輪班工作所引起的睡眠呼吸中止症或睡眠障礙。這也是前言提到的那位神經外科醫師馬克·麥克勞林說的，他的一些同事使用這種藥物好在深夜外科手術中保持警醒。在和麥克勞林談話之前，我根本沒有聽過這種藥。不只是我，戴夫·亞斯普雷諮詢的心理學家甚至還得上Google搜尋，但精神科醫師開處方給他，還叫他2種藥都試試，再回報結果。

亞斯普雷討厭阿德拉。「那真的是很殘酷的藥，對人不好。」他說。至於莫達非尼則效果美妙，「莫達非尼讓人輕輕鬆鬆就能完成要做的事。」亞斯普雷說，該藥物幫他保持專注與精力充沛。亞斯普雷完成MBA學業，新創公司發展成功後被收購，亞斯普雷個人持有的股份價值就達600萬美元。「莫達非尼挽救了我的事業，並讓我完成學業。」他說，「我有8年時間幾乎天天服用。」

莫達非尼不是安非他命。該藥物於1970年代在法國發明問世，但人們不是非常清楚它的作用，只是證實含有會影響大腦的化學物質，藥效是能提高警覺性並防止睡意。莫達非尼與安非他命類似，會增加多巴胺濃度，但效果較小，導致研究人員斷定莫達非尼濫用的風險較低（莫達非尼也不會引起同等的緊張不安）。該藥物在軍中反覆做過試驗，包括針對飛行員和地面部隊。實驗中的士兵被剝奪睡眠長達64小時，並給他們不同類型的藥物，再進行認知測驗。藥物發明人是法國睡眠研究人員米歇．朱維（Michel Jouvet），他曾誇口稱莫達非尼「可保持軍隊維持穩定良好狀態，就算奮戰3天3夜，也不會有重大的副作用。」到了2008年，科技作家麥可．艾靈頓（Michael Arrington）指出它是頗受矽谷創業家歡迎的藥品；2013年，《紐約》雜誌稱其是「華爾街特選新藥」；ABC新聞稱它為「大腦的威而鋼」；網友的使用見證在生物駭客（biohacker）網站上更是不計其數。

使用者形容莫達非尼讓他們感覺異常「乾脆俐落」和「機敏警覺」，就算馬拉松式地工作，像通宵達旦編寫程式或寫作等，也沒有長時間工作通常會有的品質下降。他們的敘述，十分貼近心理學家米哈里．契克森米哈伊所形容的「心流」狀態：「在這種狀態下，一個人十分投入在活動之中，似乎其他一切都不重要了，這種經驗本身是如此令人感到快樂，以至於即使要付出極大代價，也會純粹為了做這件事而去做。」

該藥物已經被研究了20年。最全面的檢討是2015年的一次整合研究，仔細觀察從1990年到2014年，針對沒有失眠問題的健康受試者進行的24項安慰劑對照試驗。過程中以簡單的注意力測驗、執行功能、記憶、創造力測試以及更為複雜的任務，測試他們的表現。結果顯示在大部分的領域，藥物能幫人表現得更好，尤其是較複雜的任務，對情緒則沒有不利的影響，而且只有極少數有輕微副作用。研究人員總結：「莫達非尼或許稱得上是第一個經充分驗證的『聰明藥』藥劑。」(「聰明藥」是指強化認知功能的藥物)。

2015年的這次研究分析，引來新一波的大眾關注。「你應該服用（莫達非尼）來爭取加薪嗎？」《大西洋月刊》問。作家奧嘉．卡贊（Olga Khazan）沒有直接回答，但證據似乎傾向肯定。她指出，研究顯示沒有安全疑慮，而且似乎有強烈的共識認為，莫達非尼比阿德拉或利他能之類的安非他命安全。「數百萬人服用（莫達非尼），可是投資銀行家和企業律師並沒有猝死在辦公桌前。」她問，「如果這個藥物像現有研究所暗示的那麼安全，那是不是人人都該服用？會不會將來有一天，企業還會鼓勵員工服藥，為了讓他們更努力工作？」

為什麼甘願表現不及格

打從超過10年前第一次嘗試藥物以來，亞斯普雷就成為最旗幟鮮明的藥物擁護者。莫達非尼只是亞斯普雷用來改善生活的諸多「生物駭客」對象之一，他最為人知的身分，是暢銷書《防彈飲食》（*Bulletproof Diet*）作者，該書信奉的是在早上喝的咖啡裡添加一種特殊奶油（他還攝取一些特製的維他命補給品）。亞斯普雷在書裡說，他靠著這套食物養生法成功減掉100磅（約45公斤）體重，智商提升許多，生理年齡也降低了。如今，他管理一個大型商業王國，銷售補給品並提供相關建議。如果在Google查詢「莫達非尼」，第二和第三個結果（緊跟在維基百科條目之後）就會是亞斯普雷的網站，而他的網站留言部分，都轉介不用附上處方箋就能買到藥的海外網站（我問他是否靠兜售藥品獲益，亞斯普雷堅稱：「我不曾從莫達非尼賣方賺到一毛錢，也沒有靠行銷這種藥物賺錢。」）

他毫不掩飾地對於這項藥品的熱情。我告訴他，曾看過一篇媒體報導說，歐巴馬總統可能在海外旅行時吃過莫達非尼，亞斯普雷只回答說：「他不吃才是笨蛋。如果你是自由世界的領袖並要前往海外出訪，可以服用能徹底消除時差反應的東西，若有道德責任感的話，你怎麼會選擇不服藥？」

亞斯普雷鄙視那些以道德為由，不使用表現增強劑的人。善用科技以追求更好的表現，是人類幾世紀以來都在做的事，與其批評早期採用者，更應該質疑的是那些反對且拒絕使用增強劑的人為什麼甘願表現不及格？如果我用舊式打字機寫這本書，你會覺得我是個怪胎，而亞斯普雷也是這樣看待反對莫達非尼之類藥物的人。「我不知道為什麼這在有些人的觀點裡是不妥當的。」亞斯普雷說，「用火取暖是『欺騙』嗎？我想那是在清教徒社會生活過所殘留的影響。沒有合理的說法可以解釋，提供有益生活品質的藥物是不妥當的。沒錯，莫達非尼是有風險，但和常見止痛藥布洛芬（ibuprofen）之類藥物的風險是一致的。」——也就是說，微乎其微。

亞斯普雷聰明且成功，但是給我一種不是那麼正直的商人特質，所以讓我對他的說詞懷有戒心（跟他談過話後幾個星期，我的網路瀏覽器一直傳送他專賣的腦辛烷值油〔Brain Octane Oil〕廣告）。無論如何，亞斯普雷說他已經不再定期服用莫達非尼。他說，透過飲食和補給品養生法，已經大致不需要莫達非尼了。但他還是在背包裡放了2錠，心想如果有需要，藥錠就在隨手可取得的地方，而這會讓他感到比較安心。

我有臨場焦慮症狀

一個冬日的傍晚，我坐在一家擁擠診所的候診室裡。我去見一位精神衛生專科護理師，還帶了一張購物清單。彼時，我已經聽夠表現增強藥物神奇之處的二手讚美，心想該自己親身嘗試了。

那位護理師打開門，我進去後坐在她診間的椅子上。她從頭到尾都在一個平板電腦上敲擊。她問了我的個人資訊：姓名、地址、雇主、保險。接著說出典型的開場白：「所以，你今天為什麼來這裡？」

我跟她說實話：我是來索取安眠藥的，還希望多嘗試2種藥物。

我先要求給偶爾失眠服用的安眠藥續開處方箋。那位護理師接著又就我的整體健康、家族病史、情緒健康等進行冗長的討論，同時將我的資訊敲進她的平板電腦。

當她問起我的職業，我告訴她，我大部分時間在寫作和編輯，但偶爾需要公開演說。三十多歲時，我的工作需要定期上電視，雖然現在的工作極少有這種需求，但偶爾還是會有。如果遇到有這種需求，我會經歷臨場焦慮的典型狀況——口乾舌燥、喉嚨發緊、心跳快速。我的孩子看到我上電視，總會取笑我會無法控制地眨眼。我跟護理師說，我的朋友在演說前服用乙型阻斷劑，「他們說緊張的生理症狀消失了，且對職業生涯產生很大影響。」我說。

這位護理師贊同地點頭。她有病人服用乙型阻斷劑的效果極好。但她突然沉下臉，露出惱怒表情。那天早晨，她看到一個病人因求職面試時極度緊張而難過苦惱。護理師說，現在回想起來，她真希望自己建議對方使用這個藥物，於是她寫下備註，要打電話給病人討論這件事。看來，她會樂意地幫我開立這個藥的處方。

我將對話帶到清單的下個項目。我解釋說，我有個出書計畫即將接近尾聲。雖然自己以前寫過書，但我發現最近心思異常紛亂。我同時進行多項工作，且太常查看電話、電子郵件、社群媒體。有些時候，我無法達到應有的專注度。我得知有種名叫莫達非尼的藥物有助改善注意力，我想知道是否對我有益。

她似乎心存懷疑。她解釋說，莫達非尼一般是用來治療嗜睡症或輪班工作所引發的特定睡眠問題。她說，既然我不符合這些情況，那就是仿單標示外使用[2]，她不確定我的保險會不會給付。

我強調不想嘗試不安全的東西。但我也解釋，接下來幾個月因為急著要趕上書的截稿日期，得有幾個晚上加班把書

2. off-label use，指醫師開立處方未遵照藥品仿單之指示說明內容，如使用藥品未依仿單所載之適應症、劑量、患者群、給藥途徑或劑型等。

完成。「我要的肯定不是每天吃的藥。我只是打算在真正想專心、確實有生產力的少數幾天才用。」我說。

她仔細傾聽，但還是在擺弄手上的平板。我知道她的焦點仍在於保險能否給付莫達非尼的問題。我告訴她，我不太擔心費用。其實，能有多貴？她輕輕按了幾個按鈕。「30天分看來就要923美元。」她說。我倒抽一口氣，但我告訴她我更擔心的是，我服用這個藥物是否安全。談話進行到這，我猜想她會拒絕開給我莫達非尼的處方。

然而我誤會她了。「其實，就醫療觀點來看，我比較擔心乙型阻斷劑的副作用。」她說，因為這個藥物可能引發頭暈和血壓下降，但她認為2種藥物都安全。她說我有必要在沒有公開演說時，嘗試小劑量的乙型阻斷劑，以了解我的身體有什麼反應，之後才能在真正高壓的情況下服用。我不可以在攝取太多咖啡因或酒精的情況下，服用這2種藥物。

隨著討論進入尾聲，她用平板發送2份處方箋到我住家附近的藥局。隔天我去拿藥時，我做好準備要面對一筆龐大的帳單要付，但其實我的保險有給付，乙型阻斷劑和莫達非尼各30錠，我要支付的部分負擔總額是14美元，且2張藥單可再使用3次。

跟維他命一樣有效

幾天之後的總統節，我開了半小時的車到我的大學母校，打算窩在大學圖書館裡工作。時間剛過上午10點，我吃下第一顆100毫克的莫達非尼。

事先說明，就實驗的立場來說，因為我閱讀過很多這項藥物效用的資料，所以安慰劑效應的可能性相當高。我希望它發生作用，也相信它會發生作用。此外我還在大學圖書館裡試用，而這是我喜歡的寫作地點，因為我在這裡異常地專注又有生產力。

即使沒有藥物輔助，我估算這一天大概也能完成很多進度，所以很難說莫達非尼讓我的工作進度好上多少。不過吃過藥之後，我沒怎麼休息就穩定工作了11小時。我比較不會分心，更加專注，沉浸在心流狀態。我的時間感變得不一樣。因為工作狀態十分穩定，以至於幾個小時匆匆就過去了。等到工作結束，我沒有平常的疲累感，收拾公事包回家時，我覺得要不是非得好好睡上一覺以便隔天早晨能起床上班，我大概還可以繼續投入寫作幾個小時。

藥物的副作用極小。有時我會稍微察覺到自己的心跳，食欲似乎略微降低，但就只是這樣。

接下來幾個月，我服用了5、6次莫達非尼，但似乎後來再沒有第一天那麼有效，我無法解釋原因。我在期刊出版社工作時服用過一次，雖然覺得有稍稍專注一些，但在開放隔間的辦公室，分散注意力的事物比在圖書館多，效果就沒那麼顯著。另一次在圖書館工作10小時，我注意到雖然大腦感覺警醒，莫達非尼卻無法減輕其他生理疲勞症狀——長時間坐在鍵盤前造成的腰酸背痛，手臂和肩膀痠痛。這種非認知疲勞限制了馬拉松工作時間。再一次用莫達非尼度過富有成效的漫長工作日之後，我的睡眠很糟，而且夢境異常清晰，之後我就有點不願意再嘗試了。

我的乙型阻斷劑試驗比試用莫達非尼的情況好。取得新處方的幾個星期後，我預定要在研討會主持有75名觀眾的座談會，活動安排在星期四。星期一和星期二時，我試用乙型阻斷劑，服用了10毫克，但沒有明顯效果。星期三，我勉強把藥留在車子裡，我在沒有服藥的情況下主持座談會。因為草擬許多問題，並事先與座談會小組成員在電話中做好準備，所以我不是特別緊張，事情也很順利。

就在我等待下一次的嘗試機會時，某個星期天傍晚，我收到好朋友的簡訊，他到一家大企業接任重要職務有6個月了，他說星期二早上他要單獨對執行長（我在商業雜誌上看過的知名人物）進行2小時的簡報，報告內容是運用某個經營策略，試圖扭轉一個疲弱不振的部門。雖然他曾經和執行長開過大型會議，但這是他們第一次一對一互動，所以他感到惴惴不安。他聽說曾有新任高階主管搞砸第一次向這位執行長的簡報，結果被解雇。「我做過無數次公開演講，通常緊張對我來說不是問題。」我的朋友說，「我準備充分，但我真的很焦慮。事情太過重大了。」他尤其擔心會狂冒汗，以前他非常緊張時就發生過好幾次。

他直接切入重點：「你知道你跟我說過有關緩解臨場焦慮感的藥吧？我明天上飛機前，能從你那裡拿一些嗎？」

我說不行。雖然我不是律師，但我猜想分享處方藥是違法的。可是他一直懇求。「拜託，幫兄弟一把啦！」我想幫忙，但除了法律問題，我還擔心萬一他對藥物有不良反應，我會有道德責任。他沒有足夠時間諮詢醫師（那是個星期天夜晚，他要在隔天清晨6點20分前往機場）。

我想出一個折衷方案。「好吧，我今晚會拿幾片藥過去。」我告訴他。接著我開車去藥局，在維他命那排貨架來回看了10分鐘，觀察藥片的顏色和形狀，判斷哪種維他命最可能會被誤認為處方藥。我買了1瓶維他命B12，放了5錠在信封裡，再塞到他的信箱。我用簡訊仔細告訴他用藥說明：簡報前90分鐘吃1片，如果還是會緊張，提前15分鐘再吃1片。

隔天早晨他從飛機上傳簡訊給我：「這個藥叫什麼？」「乙型阻斷劑。」我說了謊。他上網Google，開始查看線上評論，「哇嗚，大家都狂讚這玩意兒。」他說。

星期二，我傳簡訊給他：「結果怎樣？」「非常好！」他回答，「那藥真是神奇。」

稍後，我們用電話說明情況。簡報進行順利，但主要原因是他花了好幾個星期準備，而且他的簡報技巧十分出色。不過，他認為藥物發揮了作用。「我不確定沒有藥物的話，我能不能撐過去。」他說。知道（或者認為）有藥物抵銷聲音顫抖或額頭冒汗的可能性，能幫助他放鬆……而放鬆當然會大幅減少聲音顫抖或額頭冒汗的機率。

在那場第一次對執行長簡報後的兩星期不到，他去找醫師，並拿到自己的普萘洛爾藥單。

我只希望，真正的藥跟維他命一樣有效。

使用藥物和濫用藥物的界線是？

後來，我這位朋友的妻子很生氣，她認為老公在簡報前吃乙型阻斷劑是作弊，跟奧運選手使用表現增強藥物毫無分別。「你會上癮的，你以後沒有它就無法做簡報了。」她警告，她還將服用藥物視為軟弱的象徵。「如果你發現向你匯報的人在跟你開會前吃了抗焦慮藥物，你會怎麼想？」

我的妻子也不高興。她知道我吃過幾次莫達非尼，而且對此感到不以為然。「你真的希望別人知道你工作表現更好是靠藥物嗎？」她問，「這就是孩子在計畫上大學之際，你想傳達給孩子的訊息？」

我又想起其他問題。使用藥物和濫用藥物的界線是什麼？只因為能說服手握處方箋的醫療專業人士，相信你需要這個藥，使用這個藥就是可以接受的事？處方藥有多少是只為了解決問題，又有多少是為了「提升」健康人們的生活？

這些都算不上新問題。在我第一次嘗試莫達非尼的大學圖書館書庫，有滿架子的書不但在探討這個廣泛的議題，還針對特定藥品研究相關情況（例子包括《神奇百憂解》〔*Listening to Prozac*〕、《再談利他能》〔*Talking Back to Ritalin*〕、《阿德拉帝國》〔*The Adderall Empire*〕等）。

深入討論生物駭客和以藥物增強認知的道德問題，超出本書範圍，這個主題的相關書籍已經很多。我瀏覽過這類文獻，根據看過的資料，我的想法不斷回到以下三點：

首先，有些聰明人為讓更多人輕鬆取得表現增強藥物，提出強而有力的理由。有一個極端例子是里奇蒙大學（University of Richmond）哲學教授潔西卡·芙拉尼根（Jessica Flanigan），在2013年的期刊寫了一篇文章，名為〈給所有人的阿德拉：為兒童神經增強辯護〉（Adderall for All: A Defense of Pediatric Neuroenhancement），她在文中主張，無論兒童是否被診斷出有注意力缺失（ADD）／注意力不足過動症，對於給兒童開這種藥，小兒科醫師應該抱持開放態度。她將服用這些藥物和選擇性整容外科手術做比較。擴大在醫師監督下合法取得這些興奮劑的管道，也會減少一些批評者認為無所不在的黑市、無處方使用亂象，尤其是在大學校園。我不覺得芙拉尼根的論點有說服力，但這證明了支持擴大取得管道的，並不限於如戴夫．亞斯普雷這類的自我實驗者。事實上，這個群體還包括在醫學和倫理學交集領域，建立研究與教學事業的人。

其次，就算你自認清楚在這個問題的立場，醫學倫理學家也能找到新的角度，讓你重新考慮自己的立場。比方說，2014年一篇有關莫達非尼道德問題的期刊文章，哲學家茱莉．譚能波姆（Julie Tannenbaum）問了一連串發人深省的問題。如果莫達非尼的主要用途是讓人拉長工作或讀書的時數，那做什麼樣的工作會有差別嗎？雖然大部分傳聞都說，白領知識工作者吃藥是為了取得事業進展或賺更多錢，但如果這工作涉及的是單調沉悶的苦差，或者老闆強迫員工吃藥呢？或者服用莫達非尼的人是研究科學家，要是工作時間更長就能實現更大、無私的目標，例如治癒癌症呢？

譚能波姆也質疑傳統思維，即莫達非尼的主要好處顯現在工作事業。如果這個藥物藉由減少睡眠需求，讓我們將更多清醒的時間用於從事嗜好、和摯愛之人共度美好時光、上美術館、學習彈鋼琴呢？譚能波姆寫道：「這帶給我們一個莫達非尼的重要潛在優點：更多閒暇時間，也就是不用工作的時間。儘管莫達非尼不會延長人們的壽命，但增加了清醒的時間，也是一種延長生命。此外，擴充的時間可能發生在一個人的身心鼎盛時期，而不是只在一個人的生命尾聲增加時間。」與其將莫達非尼視為人人隨時都在工作的反烏托邦世界一部分，不妨說它是烏托邦未來的一部分，在那個世界的人類「浪費」在枕頭上的時間較少，反而有了更多時間追求辦公室以外的生活樂趣。

第三個問題，出現在我閱讀這些論文時，我們區分藥物增強和非藥物增強的界線是否太細微？儘管本章焦點在2種增強表現的處方藥，但還有一個龐大的維他命與草本補給品產業，許多人認為那些也有類似效果。但就因為食品藥物管理局官員判定莫達非尼需要處方箋，而且保險可以給付，所以使用莫達非尼和使用「一大堆」維他命或營養品，就有道德倫理上的差別嗎？如果有，明確的界線在哪裡？

我思考這個問題，是因為有一天收到Liquifusion寄來的電子郵件，該公司銷售用於提高警覺、活力、甚至性能力的靜脈注射維他命。「靜脈注射療法雖然過往只有運動員和名人使用，現在卻是人人可用。」該公司的公關信寫道，「在此熱烈邀請您免費施打一次Liquifusion靜脈注射。」專員甚至願意派人到家或辦公室幫我施打（我沒有理會）。吞下一顆處方藥，比注射活力增強維他命好還是壞？在我看來，很難說。

藥物助我從容迎接挑戰

對我來說，手邊存放著乙型阻斷劑，以備難得上電視或演說亮相之用，讓我感到安心。我沒有完全排除服用莫達非尼的想法，但希望也期待就算有需要，也難得會用上。我的妻子提起孩子使用藥物輔助讀書的畫面，強烈影響了我對這件事的觀點。我們一直不鼓勵他們在家讀書寫作業超過午夜，認為他們只要用功不輟又事先計畫，幾乎沒有理由需要挑燈夜戰。如果他們在班上始終落後太多，就有必要找老師談談，找出他們是否有哪裡做錯了，或是判斷他們是否一開始就不適合這個班級。

對我來說應該也一樣。雖然忙碌時期需要短時間衝刺出優異成果是正常現象，但我不想經年累月地每天工作14小時。如果我發現定期需要莫達非尼，工作才能有進展，那大概就代表我需要重新考慮自己承擔的責任，或者調整供需等式的需求面，而不是嘗試用化學方法提升我的勞動供給面。

但是在8月一個溫暖夏夜，這些高尚的想法都被拋到窗外了。我參加一場為期2天、20人的年度高爾夫球比賽，這是一個和本地友人吹噓誇耀、講垃圾話的活動。我是那群人當中程度最差的選手，第一天的比賽，我打得很糟，即使按照我的低標來說也很差。整個下午我都很緊張，特別是開球時，一直把球打到長草區。

那晚的團體聚餐，我悶悶不樂。坐在我對面的朋友知道我的出書計畫，我半開玩笑地說：「我今天其實大可吃一點乙型阻斷劑的。」

結果我發現這個朋友在重要的工作簡報之前，也會服用乙型阻斷劑，而且他的旅行袋裡有醫師開立處方的藥物。他知道我也有處方，所以願意跟我分享藥物。隔天上午在高爾夫球練習場，他遞給我一個塑膠袋，裡面有2片藥，我在開球前吃了1片。在開球處，我感到異常地平靜且有自信，和前一天的狀況判若兩人，擊球平穩堅定。幸虧因為我的差點而分配的揮桿數，我早早就贏了幾洞。到了第九洞，我擊出一個高壓推桿，讓我這一隊在前九洞領先。我的搭檔是個比我優秀許多的選手，卻沒能發揮應有水準，只好由我帶領隊伍。在藥物的協助下，我得以從容地迎接挑戰。

到了下午，隨著藥效消退，我的推桿技巧也在下降。我的得分再次在20位選手中墊底。我們這10人小隊輸了，但我和搭檔一直到第十六洞之前都有機會贏得比賽。「丹尼爾在今天比賽後半段打得魂不守舍。」我的對手在賽後聚會小酌時這樣說。顯然美國職業高爾夫球員協會禁止球員使用乙型阻斷劑，是有原因的。

既然我不是職業高爾夫球選手，那些規定對我來說就不適用，而且在這次毫不緊張的表現之後，現在我都會在高爾夫球袋裡，放1瓶這種神奇藥丸。

【結語】

除了刻意練習，你需要做好心理準備

距離我開始寫這本書不久，在我大女兒16歲生日那天，我開車載她去汽車監理所考駕照。要拿到這張駕照，她得先通過有25道複選題的交通規則筆試。她有點緊張，於是我給她來一場精神喊話。

「妳一定會表現得很好的！」我說，「記住，妳只須答對18題，所以就算有7題妳不知道答案，還是能考過。」我停頓了一下，絞盡腦汁想著還有什麼可以說的。「妳知道嗎，有85%的人，第一次考就過了。」這是謊話，我不知道實際數字是多少，但我心想這個虛假的統計數據，令人聽了安心。最後，我的辦法是將焦點放在她萬一沒有通過：「就算妳失敗了也沒關係，我們下周再來，妳可以再考一次。」

心理學家對這種不按常理的臨場激勵方式取了個名詞，叫做「防禦性悲觀」(defensive pessimism)。這表示我試著藉由事先展示最糟糕的情境，再加以解釋就算發生最壞的情況，事情也沒有太糟，以此幫孩子加油打氣。

如果各位讀到這裡，我希望各位明白這不是最理想的方法。因為這是讓接受訊息者先想到失敗，然而我們其實應該提醒他們的長處是什麼，複習一下事先擬好的策略與方案，並建立他們的信心。

我後來沒有再做過像那樣的精神喊話，而那只是我從寫作本書過程中，學到各種教訓之後所做的其中一項改變。

我希望前述章節也促使各位幫自己的例行準備程序做些調整，雖然本書無意編纂成一本淺顯易懂的自助手冊，但希望能幫大家開始做批判性思考，思索該如何充分利用臨場表現之前的最後時刻，與對自己最有效的技巧與方法。

為了提供幫助，在本書最後，我想快速盤點因為寫作這本書，我的臨場工具組裡所增加的有用工具。

無庸置疑的是，不是每個技巧或方法對每個人都有用。我還沒有學會第1章描述的「專注核心」練習（我比較喜歡「再評估」方法，告訴自己我是興奮而不是緊張）。我很少使用垃圾話或捉對競爭，因為我的工作不需要帶領團隊，所以我的精神喊話僅限於對孩子，而他們通常對我置若罔聞。

本書其他方法，已經成為我所有技能的一部分。雖然我沒有像西點軍校的袋棍球選手一樣，使用客製化的錄音，但我會在正式上場前重讀一遍自己最好的著作，或聽一段過去我在廣播中難得口若懸河的訪談，藉此提振信心。按照蓋瑞．萊瑟姆的建議，我的辦公室牆上掛滿我最成功的期刊報導拷貝封面。有些時候，我發現乙型阻斷劑是減輕緊張焦慮的良方。

在健身房，我更清楚鍛鍊之前和鍛鍊期間要聽什麼音樂。對於像寫作之類的認知性工作，我體悟到一個性格內向、喜好安靜的人，無論是什麼背景音樂都比不上寂靜無聲對我更有幫助，因此我沒有真的播放音樂而是在耳裡放進耳塞或單純戴著一個隔音良好的頭戴式耳機。

儘管我不是很常使用這個方法，但我還是把麥爾坎．葛拉威爾用過的鍵盤放在辦公室桌上，以防萬一有需要。

同樣有用的，還有想想什麼時候以及多久使用一次最適合自己的那套方法。回想一下史坦利．麥克里斯托有關精神喊話的智慧，他很少對一個晚上執行3次任務的特種部隊精神喊話，因為任何工具若頻繁使用，必然會減弱其威力。本書討論的大部分工具也是一樣，如果你克制著不每天使用，而是保留到你的臨場表現攸關人生與事業重大發展的特別日子，效果才會最好。

本書最適合的結尾，就是再次強調我在開頭時說過的話——專注的練習是無可替代的，而且要大量練習；做好心理準備是實際練習之外添加的任務，目的是給你一點正式上場前小小的助力和累積優勢。

在這個以績效表現為導向的社會，這些看似微不足道的小小助力，可能將發揮非常大的影響。

致謝

如果過去幾年我沒有擔任《哈佛商業評論》編輯，沉浸在學術研究之中，就不會有這本書。我有幸得到這份工作，而且遇到的所有上司，殷阿笛（Adi Ignatius）、艾美・伯恩斯坦（Amy Bernstein）、莎拉・克利夫（Sarah Cliffe）、克麗絲汀娜・波爾茲（Christina Bortz），都支持我這個工作之外的寫作計畫。我還要感謝《哈佛商業評論》的同事艾美・米克（Amy Meeker）、瑪莎・史波廷（Martha Spaulding）、蘇珊・唐納文（Susan Donovan），嫻熟地協助本書編輯工作，還要感謝凱倫・狄倫（Karen Dillon）幫我獲得這份工作。

莎拉・雷儂（Sarah Rainone）為本書提案提供諮詢。雷尼・柯許（Rene Krisch）進行早期研究。麥特・馬赫尼（Matt Mahoney）提供重要的事實查證。珍・卡佛利納（Jane Cavolina）編輯原稿並整理註釋。馬克・史達（Mark Starr）、大衛・卡普蘭（David Kaplan）、艾美・米克、狄恩・史崔克（Dean Streck）、克里斯・博薩尼（Chris Bersani）皆看過部分原稿並給予意見。

提姆・蘇利文（Tim Sullivan）讀過完整原稿，並為整個寫作計畫提供重要指引，對此我感激不盡。

還要感謝亞當．布萊恩（Adam Bryant）、布萊德．史東（Brad Stone）、約翰．卡特（John Carter）、柯琳．卡特（Colleen Carter）、法蘭克．賽斯皮德（Frank Cespedes）、馬克．羅柏格（Mark Roberge）、大衛．卡普蘭、納特．津瑟（Nate Zinsser）、亞當．羅傑斯（Adam Rogers）、大衛．勒佛特（David Lefort）、布魯克．哈莫林（Brooke Hammerling）、艾莉森．畢爾德（Alison Beard）、史考特．貝里納托（Scott Berinato）、恩蓋．克羅爾（N'Gai Croal）、馬克．裴瑟（Marc Peyser）、拉菲．穆罕默德（Rafi Mohammed）、啟斯．法拉吉（Keith Ferrazzi）、凱斯．諾頓（Keith Naughton）、克里斯提安．梅里歐拉（Christian Megliola）、史黛芬妮．芬克斯（Stefani Finks）、戴夫．列文斯（Dave Lievens）、蘇珊娜．梅道斯（Susannah Meadows）、麥特．威斯特（Matt West）、克雷格．尼可斯（Craig Nichols）、馬克．麥克納馬拉（Mark McNamara）、艾德．克勞利（Ed Crowley）、艾本．哈雷爾（Eben Harrell）、尹艾迪（Eddie Yoon）協助建議資料來源，提報構想或是給予其他支援。

謝謝許多行銷宣傳人員幫忙安排訪問，還有幾十位我採訪過但沒有在文本中引述或提及的專家。感謝諸位撥出寶貴時間並分享真知灼見。

特別要感謝西點軍事學院、IMG學院以及茱莉亞學院，同意我進入校園並接觸校內人員。

感謝幾位高中校隊隊員貢獻回憶，分享1980年代的運動員賽前例行準備程序如何轉化到工作事業中，艾瑞克・瑞索（Eric Riso）和安迪・波狄克（Andy Bordick）的見解尤其精闢。

感謝《波士頓全球雜誌》（*Boston Globe Magazine*）的法蘭西斯・史托爾（Francis Storrs）、蘇珊・阿爾索夫（Susanne Althoff）以及薇洛妮卡・趙（Veronica Chao）。我對公開演說的認識，許多是來自尼汀・諾瑞亞（Nitin Nohria）、布萊恩・肯尼（Brian Kenny）以及琴恩・康寧罕（Jean Cunningham），我有幸與他們共事。

要特別感謝Portfolio出版社的亞德里安・柴克海姆（Adrian Zackheim）、威爾・懷瑟（Will Weisser）、塔拉・吉爾布萊德（Tara Gilbride）、瑪麗亞・加利亞諾（Maria Gagliano）、維多利亞・米勒（Victoria Miller）、克里斯・賽吉歐（Chris Sergio）、薇薇安・羅伯森（Vivian Roberson）、考希克・維斯瓦納特（Kaushik Viswanath）。

艾瑞克・尼爾森（Eric Nelson）投入精力與熱情編輯這本書。原稿從他的電腦出來後變得更加清晰敏銳，更有條理，也更簡潔。感謝他的辛勤努力和幽默。

我的經紀人瑞夫・沙加林（Rafe Sagalyn）一眼就看出

這個寫作構想的潛力，有幸由他引導我走進出版的世界。

我的父母和姻親以及姊妹與姊夫、妹夫，是我此生最大的幸運，感謝他們與我討論想法並給我鼓勵。

我長久以來對一般人在面臨重大事件之前，怎樣做好心理準備這件事感到好奇，這股好奇心是在觀看孩子參加青少年運動的選拔和比賽中漸漸累積的。艾比、傑克以及湯米，即使我利用他們來試驗精神喊話和音樂播放清單，他們依然保持（大致）溫和的好脾氣。看著他們在人生中所有領域裡漸漸獲得優異成績，一直是我喜悅的泉源。

寫書的壓力表現在許多方面——工作時間更長，假期更少，半途而廢的居家改善計畫增加等。我的妻子艾美，通情達理地容忍這些和其他惱人煩事，能享有她的耐心與愛，是我的幸運。

國家圖書館出版品預行編目（CIP）資料

致勝心態：每次上場，都是最佳表現！關鍵時刻不失常、不怯場的 7 個科學實證法則／丹尼爾・麥金（Daniel McGinn）作；林奕伶譯 . -- 初版 . -- 臺北市：今周刊出版社股份有限公司 , 2022.12

面；14.8×21 公分 . --（Wide 系列；7）

譯自：Psyched up : how the science of mental preparation can help you succeed.

ISBN 978-626-7014-80-6（平裝）

1. CST：成功法　2. CST：生活指導

177.2　　111016313

Wide 系列 007

致勝心態

每次上場，都是最佳表現！關鍵時刻不失常、不怯場的 7 個科學實證法則

Psyched Up: How the Science of Mental Preparation Can Help You Succeed

---

作　　者　丹尼爾・麥金（Daniel McGinn）
譯　　者　林奕伶
編　　輯　許訓彰
校　　對　蔡緯蓉、許訓彰
總 編 輯　許訓彰
行銷經理　胡弘一
企畫主任　朱安棋
行銷企畫　林律涵、林苡蓁
印　　務　詹夏深
封面設計　木木 Lin
內文排版　藍天圖物宣字社

出 版 者　今周刊出版社股份有限公司
發 行 人　梁永煌
社　　長　謝春滿

地　　址　台北市中山區南京東路一段 96 號 8 樓
電　　話　886-2-2581-6196
傳　　真　886-2-2531-6438
讀者專線　886-2-2581-6196 轉 1
劃撥帳號　19865054
戶　　名　今周刊出版社股份有限公司
網　　址　http://www.businesstoday.com.tw

總 經 銷　大和書報股份有限公司
製版印刷　緯峰印刷股份有限公司
初版一刷　2022 年 12 月
定　　價　360 元

Wide

Wide